[あじあブックス]
070

義和団事件風雲録

――ペリオの見た北京

菊地章太

大修館書店

はじめに

フランスの東洋学者ポール・ペリオは、敦煌写本をパリの国立図書館にもたらした人として知られる。同じく大英図書館に敦煌写本をもたらしたオーレル・スタインと並び称せられる人物である。東洋学研究におけるその貢献の大きさは百年をへた今もゆるぎない。

ペリオの名を一躍有名にしたこの写本入手の八年前、西暦一九〇〇年に義和団事件が起きている。このときペリオは北京にいた。そこで事件に遭遇し、義勇兵に志願して公使館にたてこもった。北京解放までのいわゆる「北京の五十五日」の渦中にいたのである。

欧米列強を仰天させたこの事件に関しては、その直後からおびただしい数の書物が出版された。おそらく欧米では中国近代史のなかでも群をぬく量ではないか。現場で事件に遭遇した人々の記録も数多く残されている。

ペリオ自身も二カ月におよんだ籠城のようすを事細かに手帳にメモしていた。この手帳は他の書類にまぎれて、ずっとコレージュ・ド・フランスの図書館に埋もれていた。それが再発見されたのち、煩雑な校訂作業をへて『北京日誌』と題して公刊された。

これは動乱の渦中にいた人間の記録である。義和団事件を回想した書物はたくさんあるものの、たいていは後日談であって、リアルタイムで記録した資料はかならずしも多くない。

本書は、このペリオの記録をもとにしながら、西洋人の目に映った義和団事件の経過をたどるこころみである。従来の定説をくつがえすとは言わないが、普通に理解されている事件のあらましとはややちがった面も見えてくるであろう。

登場人物も多彩である。日本から北京に留学していた学者たちも北京籠城に加わるはめになった。のちに日本の東洋学をしょって立つ人々であるが、その人たちの回想も残されている。ペリオのそれと比較してみたい。また、日本ではよく知られたジョージ・モリソンも登場する。世界に名だたる東洋文庫にかかわりある人だが、なかなか複雑な人物であったことがうかがえる。

ペリオの日誌の校訂本には、義和団事件のときの写真が掲載されている。彼自身の撮影ではないけれども、貴重な映像なのであわせて紹介したい。

目次

第八章　ペリオ、中央アジアへ

第一章

義和団事件の世界地図

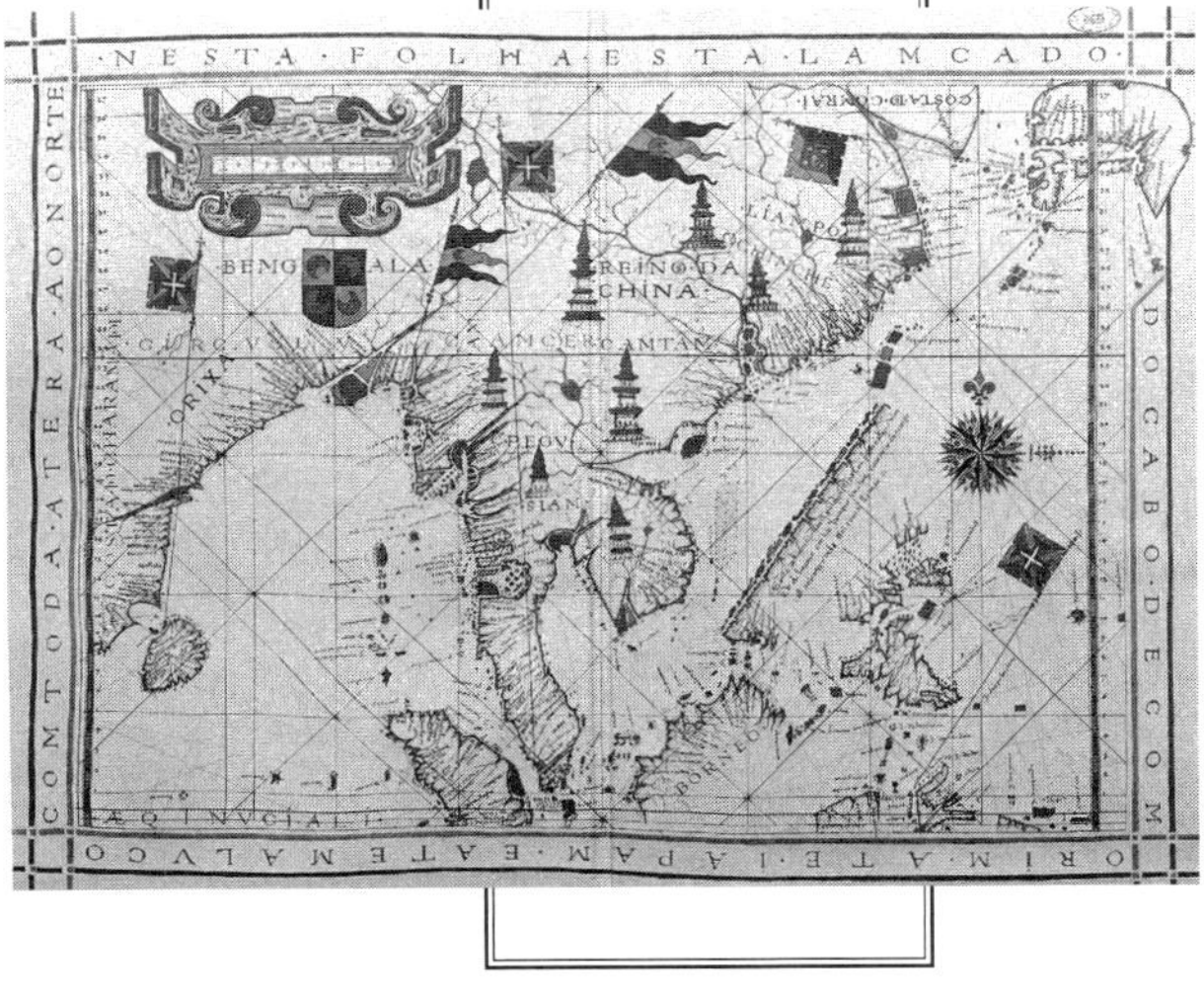

ヴァス・ドラード世界図（トレ・ド・トンボ古文書館）

中国の悲劇か

ペリオの手帳をたどる前に、義和団事件のあらましとそこへいたる経緯を見わたしてみたい。
昔の本だが、和辻哲郎の『鎖国―日本の悲劇』をはじめて読んだとき、しょっぱなからたじろいだ。十七世紀の日本がなぜ国を閉ざしたのかを論じるにあたって、なんとローマ帝国末期のゲルマン民族の侵入から説き起こしている。鎖国に先立つ宣教師たちの活動をたどるにさらに先立って、大航海時代の世界史がきわめて詳細にたどられている。なぜそこまでする必要があるのか。

そんな疑問はこの長い書物を読み終わるまで消えなかった。それでもこれが敗戦後まもなく書かれたことを知って、考えさせられるところがあった。それは日本のことを日本だけで見ていては捉えきれないこともある、という反省である。世界史という視野のなかで捉えてこそ見えてくることもある、という期待である。それをなし得なかった状況のなかに、この書物の副題である「日本の悲劇」をもたらした要因があるように思えた。

義和団事件に向きあうとき、いつもこのことを思い出す。中国の近代が胎動する舞台で起きたこの前近代にも似た事件を理解するには、これを世界史的な広がりのなかに置いてみることも、あるいは有効かもしれない。ことがらが生起するその大もとからたどることで、全体像が見わたせるかもしれない。

まずは私たちにとってなじみある人物からはじめよう。フランシスコ・ザビエルである。

ザビエルの遺志

ピレネーの山なみに囲まれたスペインの小さな城でザビエルは生まれた。一五二五年にパリに出て神学を学ぶ。そこで知りあった同じスペイン出身のイグナティウス・デ・ロヨラとともに修道会を結成した。のちにイエズス会と名づけられた。

宗教改革の嵐が吹き荒れた時代である。北ヨーロッパの国が次々とプロテスタントに改宗していく。カトリック教会はこれに対抗すべく、海外伝道によってヨーロッパで失った分を取りもどそうとはかった。その先頭に立ったのがイエズス会である。

ポルトガル国王が宣教師のインド派遣を求めてきた。ローマ教皇がこれに同意し、イエズス会を正式に認可したうえで人選を一任した。ザビエルが教皇使節の名のもとにリスボンを出航したのは、一五四一年のことである。

ザビエルは喜望峰をへてインドのゴアに到着した。そこからセイロン島に向かい、さらに東インド諸島で布教をこころみた。近世史のなかでザビエルほど伝記の多い人物はいないという。彼がマラッカでヤジロウという名の日本人に出会い、日本への布教を決意したいきさつは、あまたの書物に記されている。

一五四九年に鹿児島に到着したザビエルは、平戸と山口と豊後にキリスト教を伝えた。二年あまり日本に滞在するうち、インドのイエズス会が困難な状況にあることを知り、再訪を期してポルトガル船で急遽ゴアにもどることにした。いったん日本を離れてみれば、その前にまずは中国にキリスト教の種をまかねばならないと思いいたり、シンガポールをへて広州の上川島に向かう。この島は明国の商人がポルトガル商人と密貿易を行なう拠点であった。ここから大陸への渡航の機会を待つうちに、ザビエルは熱病に倒れて亡くなる。中国への布教は彼の遺志をついだイエズス会士たちにまかされることになった。

宗教行為vs.風俗習慣

ポルトガル商人によってマカオが開港されると、ここが中国布教の拠点となる。一五七八年にイエズス会の極東宣教団が組織された。この町で中国語を習得した宣教師たちが、広州から南京へ、南京からやがて北京へと活動の場を拡大していく。

中国での布教に際し、イエズス会は現地適応の方法を採用した。宣教師には中国の風俗習慣を尊重することが求められた。儒者の衣服をまとい、髭をのばし、漢字の字《あざな》を名のる。儒教の古典を学んでこれをラテン語に訳し、カトリックの教理書を漢訳する。儒教の教えとの一致点をさぐり、あえて「天」や「上帝」という言葉を用いた。

中国では先祖崇拝が社会生活に根ざしている。家々では日を決めて、位牌のように先祖の名を記した神主《しんしゅ》を拝する。これは儒教の祭祀儀礼にほかならない。この伝統行事をイエズス会士たちはどう捉えたか。

彼らはこれを宗教行為とは見なさなかった。むしろ公民的な習慣と見なして容認したのである。こうしたイエズス会の姿勢は、のちに大論争を引き起こすことになる。

アジアではすでにドミニコ会やアウグスティノ会が布教を行なっていたが、一五八五年にローマ教皇はイエズス会に中国および日本への布教権をあたえた。一六二二年に教皇庁に布教聖省（現在の福音宣教省）が設置され、布教事業全般を管轄することになる。修道会ごとに許可や制限がもうけられたため、しばらくはイエズス会が中国での布教を独占した。

イエズス会宣教師

こじれたあげくの禁教

一六三一年にフランシスコ会とドミニコ会が中国布教に参入しようとはかった。しかし彼らは中国の風俗習慣を考慮しなかった。これは新大陸やアフリカの布教においては普通のことである。しかしそれは東アジアでは通用しない。彼らは追放されてマニラに退去した。

ことの経緯が教皇庁に報告される。布教聖省は中国人のカトリック信者が儒教の儀礼を行なうことを禁じた。教皇インノケンティウス十世がこれを承認。イエズス会はただちに検邪聖省（現在の教理省）に提訴した。それに対する回答は、教皇の承認をくつがえすものであった。中国の儀礼はまったくの社会的な行為であるから、中国人信者がそこに参列することはさしつかえないというのである。次の教皇アレクサンデル七世がこれを承認した。

これでは教皇庁がみずから相反する判断をくだしたことになってしまう。ふたたびローマに問い合わせがなされた。検邪聖省はいずれも正統（?!）との結論を示した。すなわち、偶像礼拝や迷信的な儀礼は禁じられるが、社会的かつ文化的な儀礼は認めるというのである。どこでどう区別をつけたらよいのか。はたしてフランスやスペインで大々的な論争に発展し、なんら結論が出ないままに膠着した。

中国はすでに清朝の時代になっていた。康熙帝《こうきてい》はイエズス会に好意的であった。彼らの流儀に従わない宣教師の入国を拒否した。次の雍正帝《ようせいてい》は断固とした姿勢でのぞんだ。一七二四年にキリスト教の布教を全面的に禁止してしまう。

神社参拝にもつながっている

この儀礼問題はこれで終わったわけではない。後述するように、十九世紀の後半に清国が列強と条約を結ぶと、キリスト教の布教はふたたびさかんになる。そのときも中国人信者による祭祀儀礼への参加が問題となった。一八九一年に検邪聖省からイエズス会総長に通達があり、教理にかかわる重要問題としてこれが禁止されている。このことが地域社会とのさまざまな軋轢《あつれき》を生じることになり、やがて義和団に代表される排外運動へとつながっていくのである。

上海徐家匯聖堂

中国だけに限ったことではない。この問題は異文化世界にキリスト教を布教するときかならずついてまわるであろう。ことに先祖祭祀は東アジアでは通有ともいえる民俗ではないか。

義和団事件を飛びこしてしまうが、二十世紀になると教皇庁の世界宣教に対する視野はいっきに拡大する。中国だけでなく朝鮮や日本の状況もふまえた措置が必要になってくる。第一次世界大戦後の教皇ピウス十一世は、宣教活動の非政治化を強調し、国や地域ごとの文化に対する適応策を推進した。これを受けて、一九三九年に布教聖省は中国の儀礼問題に関する指令を発した。

そこではまず、古代に異教とかかわっていた東洋のさまざまな儀礼も、幾世紀ものあいだには思想や習慣が変化していると指摘される。そこにはもはや「先祖への畏敬、故郷への愛惜、隣人への礼節といった公民的な意味しか認められない」という。先祖祭祀は親族集団を形成して社会的な連帯を再確認するための儀礼であると認識されたのである。ここに語られた内容の是非については疑問があるとしても、これによって中国人のカトリック信者が先祖の位牌をまつることができるようになった。この原則が現在もなおカトリック教会において存続している。これは日本においても同様である。

さて、先祖祭祀はそこだけにとどまるものなのか。さらに考えるべき問題だが、それはとにかくとして、このような教会の姿勢を異文化との妥協と捉えるか、はたまた異文化の尊重と捉えるかは、これも容易に決めがたいと思う。

話題をもとにもどそう。ともかくも清朝のはじめにキリスト教の布教は禁止された。この状況はどのように変化していくのか。

おんぼろ帆船を口実に

一八五六年十月のある朝のことである。広州の埠頭に小型の帆船が停泊していた。船長は朝食をとりにいって不在である。そこへ清国の役人たちが乗りこんできた。船内にひそんでいる海賊の捜索が目的だという。いあわせた乗組員が逮捕された。

清朝の歴史のなかでもひときわ名高いこの帆船アロー号は、とうに老朽化して廃棄寸前であった。ポルトガル式の船体に中国式の帆装をほどこしてあり、イギリス領香港に住む密輸業者の所有になっている。船長は酒浸りのアイルランド人、乗組員はすべて清国人。香港船籍であれば、海賊であろうと密輸業者であろうとイギリス国旗をかかげることができた。阿片《アヘン》密売の格好の隠れ蓑である。清国の役人にとっては頭痛と歯ぎしりのもとであった。

香港船籍の登録期限が切れてすでに数日たっている。国旗をかかげる権利も義務もない。にもかかわらずイギリス領事代理は、清国官憲がイギリス国旗を引きずりおろして大英帝国を侮辱したと抗議した。言いがかりをつけるための口実ならなんでもよかったのである。

二週間後に乗組員は釈放されたが、イギリス側はこれで事をおさめるつもりなどない。おんぼろ帆船を舞台にしたこの取るに足らない事件をきっかけに、軍事力にものを言わせて落ち目の清国をおどしにかかった。清国は清国で落ち目にもかかわらず、外交という観念をたえて持つことなく周辺諸国にひたすら朝貢を求めてきた国柄である。北京に公使を常駐させることなど断固拒絶。イギリスはイギリスで帝国主義の流儀を押しつけようとする。ここにアロー戦争が勃発した。

ナポレオン三世のフランスにも共同出兵が呼びかけられた。数カ月前に広西でフランス人宣教師が清国官憲に殺害されている。法を犯して内地に入りこみ伝道活動を行なったためである。この全然無関係な事件をフランスは参戦の口実とした。アロー号とえらぶところがない。

義和団事件のふりだし

英仏連合軍は広州砲撃を開始した。アメリカ海軍も参戦する。清国の砲弾によって米兵一人が戦死するや、猛烈な報復を行なって海岸の砲台をことごとく破壊した。このときのイギリス艦隊司令官はマイケル・シーモア提督である。義和団事件のとき救援軍をひきいて北京へ進撃したエドワード・シーモア提督の伯父にあたる。一八五七年十二月に広州は占領された。

このあまりに露骨な砲艦外交が英国議会で問題になり、内閣は総辞職した。しかし世論は主戦論にかたむき、解散後の総選挙では与党自由党がふたたび政権をにぎった。これに勢いを得て、増援軍が派遣される。ひきいたのはエルギン伯ジェームズ・ブルースである。パルテノン神殿から大理石の彫刻をはがしてイギリスにもたらしたエルギン伯トーマスの息子である。大英博物館の至宝エルギン・マーブルズに名をとどめている。ジェームズはのちに初代インド総督に就任し、その子のヴィクターもインド総督をつとめた。植民地掠奪外交官の家柄である。

広州占領後、英仏連合軍はさらに清朝政府に目に物見せんと海路を北上した。翌年五月に北京の海の守りである大沽《たいこ》砲台を破壊したあと、天津に向けて進撃した。その先は北京である。あわてふためいた清国側は和平交渉を模索したあげく、六月に天津条約が締結された。

エルギン伯が全権大使となり、清国に対して外国公使の北京常駐、開港地の追加、長江の開放、内地旅行の自由、キリスト教の宣教師および信者の保護などを認めさせた。英仏両国だけでなく、アメリカやロシアまでこれに便乗した。

この条約において強要した公使常駐権や内地布教権などいくつかの項目が、やがてのちの義和団事件につながっていく。

ただ一度の勝利の代償

英仏連合軍は条約の批准交換のため一年後に再訪することになった。ところが外夷どもが退去するや、中華の朝廷はふたたび態度を硬化させる。大沽砲台を修復させ、防備を固めた。そこへ現れたイギリス艦隊に砲弾をあびせた。はじめて経験する清国軍の勝利である。大英帝国軍は上海に撤退。イギリスの世論は清国への復讐一色となった。

日英修好通商条約の調印を終えて帰国していたエルギン伯は、ふたたび英仏連合軍を組織した。兵員二万、軍艦二百隻の大部隊である。一八六〇年夏に極東へ向けて出航した。大沽をなんなく陥落させ、天津を再度占領する。ほどなく北京に迫る勢いである。

このとき皇帝一家は紫禁城ではなく、北京郊外の離宮円明園《えんめいいえん》にいた。咸豊帝《かんぽうてい》はいったん紫禁城へもどったものの、さらに遠くにある熱河《ねっか》の離宮へ難をのがれることにした。四歳になったばかりの息子載《さい》淳《じゅん》（のちの同治帝《どうちてい》）とその母（のちの西太后《せいたいこう》）らを連れての逃避行である。

英仏連合軍は皇帝がまだ円明園にいるものと思いこんでいる。なだれをうって乗りこんでみれば、そこはもぬけの殻だった。ヴェルサイユに勝るとも劣らない壮麗な宮殿である。大掠奪がはじまった。これまた義和団事件後の列強による紫禁城掠奪のプロトタイプと言えるだろう。

二〇〇九年、パリで古美術商クリスティーズのオークションが開かれた。かのイヴ・サン＝ローランが愛蔵していた銅製の動物像が三千万ユーロ以上もの高値で競り落とされた。円明園の遺品だという。落札した中国人コレクターが支払いを拒否して話題になった。掠奪された文化財に対してまっとうな商売をする義理などないそうな。

円明園観水法廊門

満洲皇族勢揃い

清朝皇帝の家系をここで整理しておきたい。

清朝の太祖、愛新覚羅《アイシンギョロ》氏弩爾哈斉《ヌルハチ》から八代目の皇帝が道光帝旻寧《どうこうていびんねい》である。一八二〇年に三十九歳で即位した。阿片戦争と清国開国の時代に帝位にあった。

第九代皇帝は先ほどの咸豊帝奕詝《えきちょ》である。道光帝の第四子である。一八五〇年に二十歳で即位した。太平天国の乱とアロー戦争の時代に帝位にあった。

第十代皇帝は同治帝載淳《さいじゅん》である。父は咸豊帝、母は西太后である。一八六一年に六歳で即位した。悪名高い垂簾聴政《すいれんちょうせい》がはじまる。

第十一代皇帝は光緒帝載湉《こうしょていさいてん》である。父は道光帝の第七子の醇親王奕譞《じゅんしんのうえききかん》、母は西太后の妹である。一八七四年に四歳で即位した。日清戦争、戊戌《ぼじゅつ》政変、義和団事件の時代に帝位にあった。本書の舞台となる時代である。

第十二代皇帝は宣統帝溥儀《せんとうていふぎ》である。父は光緒帝の弟の醇親王載灃《さいほう》である。一九〇八年に三歳で即位し、辛亥《しんがい》革命により退位した。

ややこしいのは第八代道光帝の四人の子である。第四子が咸豊帝、すなわち同治帝の父、第五子が惇親王奕誴《じゅんしんのうえきそう》、第六子が恭親王奕訢《きょうしんのうえききん》、第七子が醇親王奕譞《えきかん》、すなわち光緒帝の父である。このうち第五子奕誴の子が惇親王載濂《さいれん》と端郡王載漪《たんぐんおうさいい》と輔国公載瀾《ほこくこうさいらん》である。同治帝や光緒帝とは従兄弟《いとこ》にあたる。いずれも義和団事件にかかわっている。端郡王は張本人のひとり。輔国公は事件に連座して新疆に流され、のちに中央アジア探検におもむいたペリオと出会う（これは最後の章で述べたい）。

他に皇族のなかで重要な人に慶親王奕劻《けいしんのうえききょう》がいる。第六代乾隆帝《けんりゅうてい》の第十七子慶親王永璘《えいりん》の孫である。光緒帝の重臣として諸大臣を歴任し、義和団事件のとき列国との交渉につとめた。

また、粛親王善耆《しゅくしんのうぜんき》は、第二代太宗皇太極《ホンタイジ》の長子粛親王豪格《ごうかく》の直系で八大世襲家の筆頭にあたる。義和団事件のとき御前大臣に任ぜられた。邸宅のあった粛親王府についてはあとでふれたい。

驚天動地オンパレード

円明園は放火され炎上した。咸豊帝は熱河で病床にある。連合軍との交渉は異母弟の恭親王奕訢にゆだねられた。先の天津条約に追加するかたちで北京条約が締結された。天津や漢口の開港、阿片貿易の合法化、賠償金の増額などを承認させたほか、九龍半島のイギリスへの割譲、没収されていた教会の土地建物のフランスへの返還も盛りこまれた。

天津と北京のふたつの条約によって、清国におけるキリスト教の布教と教会財産の保護が公認されたことになる。これによってイエズス会だけでなく、ドミニコ会やアウグスティノ会、パリ外国宣教会や神言《しんげん》修道会など多くのカトリック組織が布教に参入し、一九〇〇年までに七十万もの信者を獲得するにいたった。もっともそれ以前にも不法潜入して布教に従事する宣教師は少なくなかっ

清朝皇帝一族系図

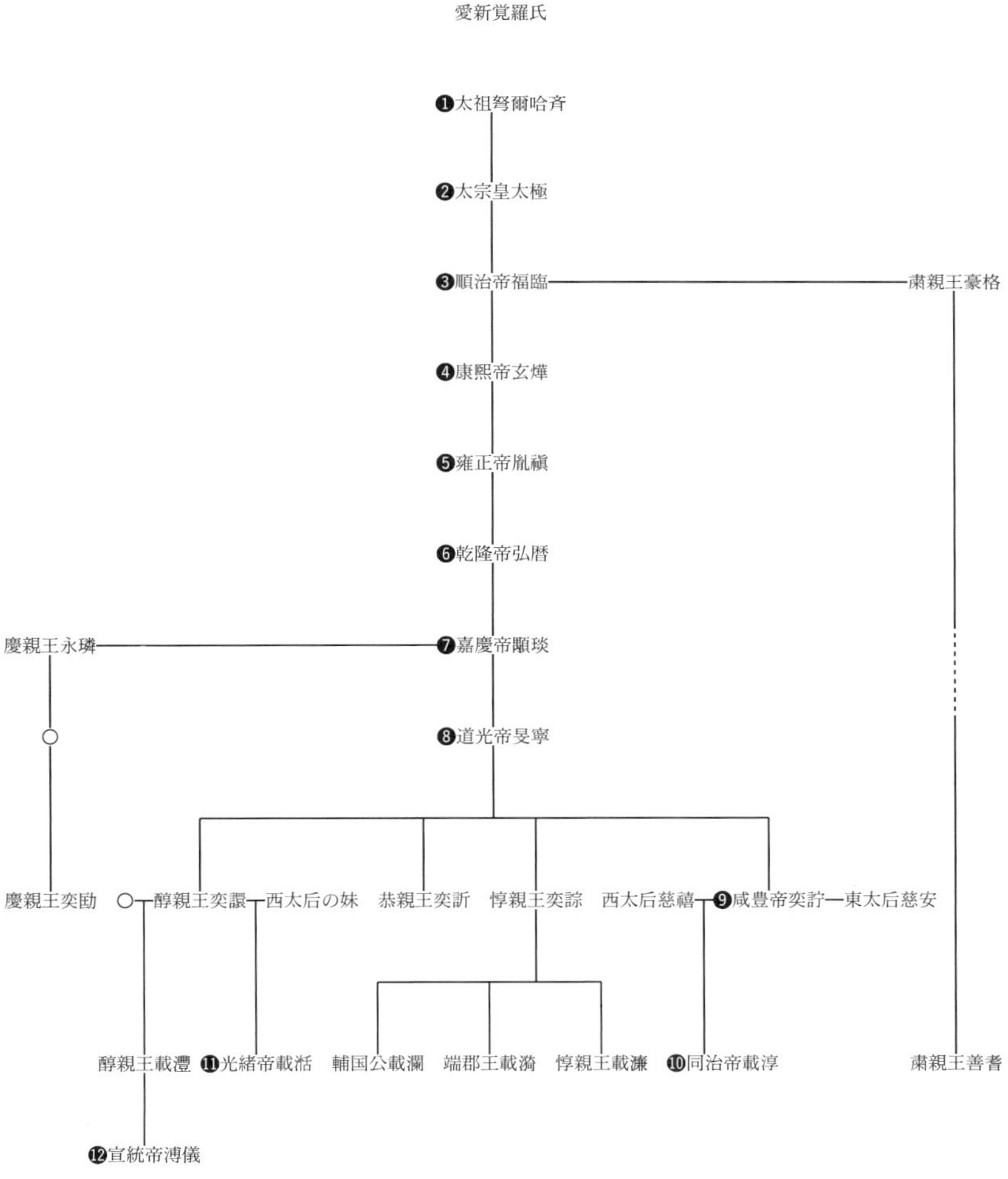
愛新覚羅氏
❶太祖努爾哈斉
❷太宗皇太極
❸順治帝福臨
粛親王豪格
❹康熙帝玄燁
❺雍正帝胤禛
❻乾隆帝弘暦
慶親王永璘
❼嘉慶帝顒琰
❽道光帝旻寧
慶親王奕劻
醇親王奕譞
西太后の妹
恭親王奕訢
惇親王奕誴
西太后慈禧
❾咸豊帝奕詝
東太后慈安
醇親王載灃
⓫光緒帝載湉
輔国公載瀾
端郡王載漪
惇親王載濂
❿同治帝載淳
粛親王善耆
⓬宣統帝溥儀

西洋人宣教師

た。長い海岸線を有する中国のことだから、それはいくらでも可能だったろう。天津条約締結のときすでに数万の信者がいたとも言われている。それが誰はばかることなく行なえるようになった。プロテスタントもこれにつづいた。

新たな中国布教で目立ったのは、学校や孤児院の経営、それを支える修道女の活動である。そのため教会の土地建物の返還や買収をめぐって争いがたえず起きた。上述したように、一八九一年以降、カトリック信者は先祖祭祀を禁じられていた。ついでに彼らは民間の祭礼への参加も拒否するようになる。宣教師のなかには土地の風習を蔑視する輩もいたにちがいない。女が男に立ちまじって生き生きと働いている。これまた一部の階層の中国人にとっては驚天動地であっただろう。

教会への反感は高まるばかりである。いたるところで信者との衝突、いわゆる仇教案《きゅうきょうあん》が頻発した。西洋人の宗教に仇《あだ》なす訴訟案件をいう。

清国争奪のひきがね

一八九七年に山東省の張家荘という村でドイツ人宣教師がふたり殺害された。彼らの所属していた神言修道会（中国では聖言会と呼ぶ）は一八七五年に創立されたばかりである。神の言葉《ロゴス》はあらゆるところにひそむ。そうした理念のもと、会員たちは世界各地で伝統文化の理解にことのほか尽力した。二十世紀はじめに文化人類学の国際的学術誌『アントロポス』を創刊したことでも知られる。北京の輔仁《ほじん》大学や名古屋の南山大学もこの会の設立である。

神言修道会の最初の宣教師ヨハン・フォン・アンツァーが中国に派遣されてから二十年になろうとしていた。ところが宣教区に割りあてられた山東省では、なぜか村人とのあいだに悶着ばかり起きている。ここには大刀会《だいとうかい》と呼ばれる武術団体があった。村人たちに助太刀《すけだち》をせがまれ、大刀会は教会を襲撃した。首領がつかまって処刑された。宣教師殺害はその報復である。

事件が起きたときアンツァーはオランダにいたが、知らせを受け急遽ベルリンに向かった。外務次官にこの仇教案を外交問題として処理してもらうよう働きかけた。これまで中国への進出が出遅れていたドイツにとって好機到来である。皇帝の命令一下、艦隊を出動させ膠州《こうしゅう》湾を占拠させた。

この事件の賠償として、ドイツは膠州湾における海軍基地の建設、鉄道敷設権と炭坑採掘権の独占などさまざまな権益を清国に要求した。日清戦争に敗れたばかりの清国はこれに屈して、膠州湾岸の九十九年間租借まで認めてしまう。列強がこれを見逃すはずはない。

事件の翌月、ロシアは旅順と大連を占拠した。不凍港獲得の悲願を達成するためである。ドイツはたとえ理不尽でも仇教案を口実にした。ロシアは口実もなしに強奪である。翌年、フランスは広州湾租借と雲南の鉄道敷設権を清国に認めさせた。イギリスは威海衛《いかいえい》を租借したうえ香港の租借地拡張も要求した。清国は文字どおり瓜分《かぶん》されていく。

ついに暴発

山東の仇教案には武術団体が関与していた。同じような団体が山東省にはいくつもある。大刀会は神拳《しんけん》と名を改めた。梅花拳《ばいかけん》とも称した。やがて義和拳《ぎわけん》を名のるようになる。彼らはただ武術をみがくだけではない。呪術まで行なって刀槍不入《とうそうふにゅう》をとなえた。刀剣も銃弾もはねかえすことができるという。そうした信念の背景には白蓮教《びゃくれんきょう》の伝統があると考えられている。明末清初に猛威をふるった宗教結社である。

外国勢力の浸透によって土地を奪われ、職を失って困窮する人々があふれた。仇教案があとを絶たない。義和拳の熱狂的な信奉者が増大する。当初はこれを鎮圧しようとした清朝の官憲は、そのあなどりがたい勢力を排外運動に利用しようとはかった。自衛組織である団練《だんれん》として公認し、懐柔する方向に転じたのである。彼らはこれに乗じて義和団を称し、「扶清滅洋《ふしんめつよう》」の旗をかかげた。清朝を扶《たす》け洋人を滅するの謂である。

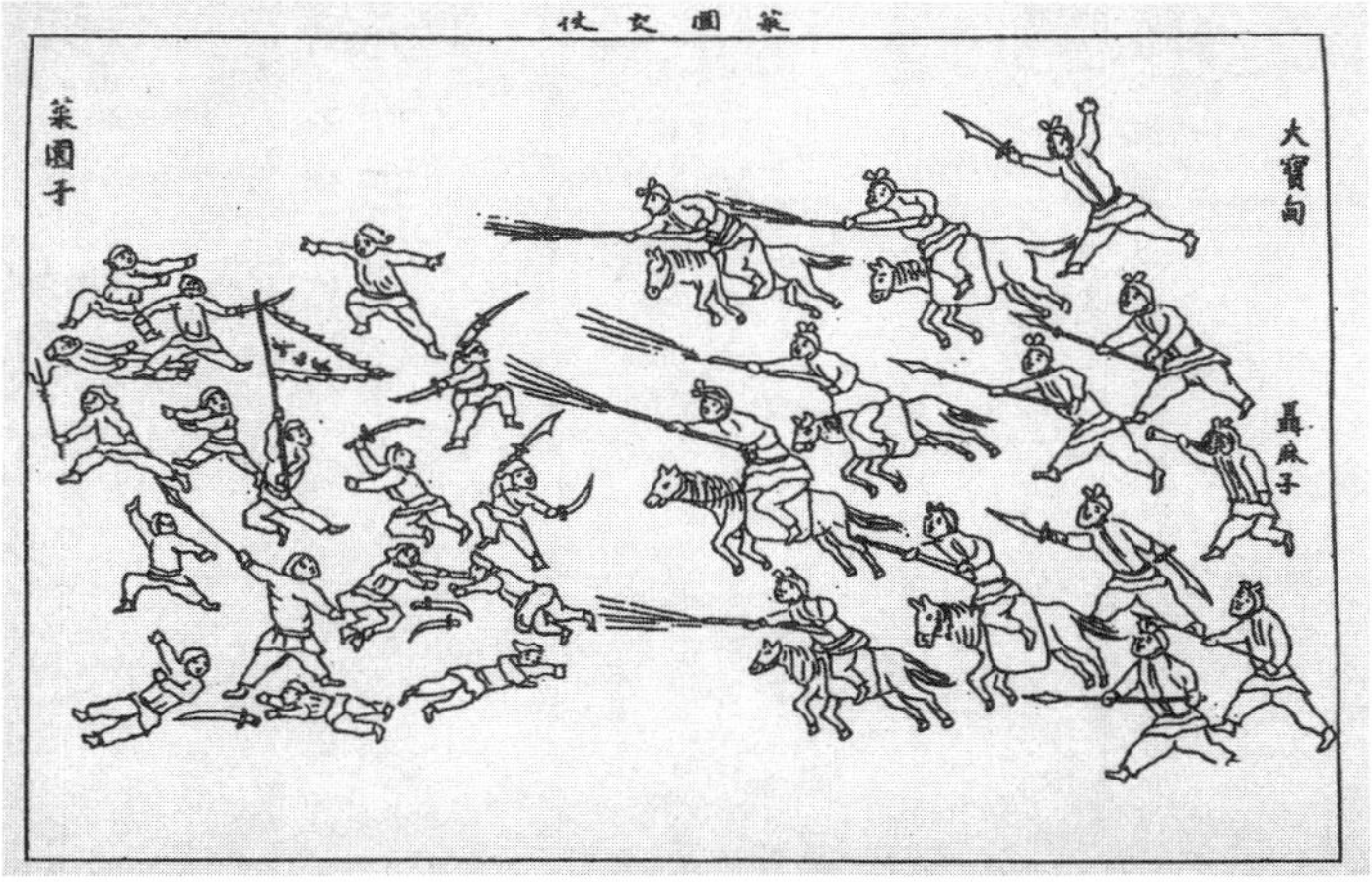

義和団対教民図（清国教民作成）

義和団は次第に山東から直隷《ちょくれい》（北京を含む現在の河北省）に行動範囲を拡大した。今しも首都にせまる勢いである。北京周辺の鉄道を破壊し、外国人と見れば無差別に襲いかかった。一九〇〇年六月、義和団はついに北京に入り、列国公使館を包囲した。救援軍派遣の要請を受け、イギリス海軍のエドワード・シーモア提督ひきいる二千人の混成部隊が送りこまれた。ところが途中の戦闘で進軍を阻止され、北京攻略をいったん断念せざるを得なくなる。

清国朝廷は義和団の是非をめぐって紛糾したすえ、意を決した。六月二十日、列国に宣戦布告する。義和団の襲撃目標は、列国の公使館が軒をならべる東交民巷《とうこうみんこう》の公使館区だけではなかった。北京に四つあるカトリック聖堂のうち三つは焼かれ、北堂《ほくどう》と通称される西什庫《せいじゅうこ》聖堂に信者三千人が立てこもっている。列国は居留民の保護を名目として共同出兵に踏みきり、日本・イギリス・フランス・ドイツ・オーストリア・イタリア・ロシア・アメリカの八カ国、兵員一万六千（のちに増援、四万とも六万ともいう）の連合軍を派遣した。天津を陥落させてから進軍を開始し、北京に入ることができたのは八月十四日であった。列国公使館は五十五日におよんだ籠城から解放された。

あわれ義和団の末路

清朝の要人は西安に避難した。紫禁城はじめ北京城内は連合軍の掠奪するところとなった。義和団は事件の元凶とされ、すべての責任を押しつけられた。各地で徹底的な弾圧が行なわれた。カトリックもプロテスタントもたいへんな数の犠牲者を出した。しかしこの大打撃にもかかわらず、教勢はそれまでにもまして進展している。

ロシアは共同出兵に際して大軍を派遣したが、事件終了後も撤兵する気配がない。そのまま駐留をつづけて朝鮮半島へ圧力をかけた。半島における利権独占をはかる日本との対立は深まるばかりである。日露の衝突はさけられない事態となっていく。

翌一九〇一年に北京議定書、いわゆる辛丑《しんちゅう》和約が締結された。清国に対して巨額の賠償金支払い、北京周辺の軍備撤廃、列国軍隊の北京駐留などを認めさせた。領土の割譲こそなかったものの、列国の干渉はさらに強化される。半植民地化はいよいよ決定的なものとなった。清国の弱体は誰の目にも隠しようがない。

歴史の大きな流れのなかで、この事件はどう捉えられるだろうか。

半世紀前に起きた太平天国とくらべて、ずっと後退してしまったように見えなくもない。少なくとも近視眼的になった気はする。その目が見たものは、帝国主義という国家の理念ではない。それは天に突き刺さる教会の尖塔であった。そこに吸い寄せられしまう同胞であった。

何がそれを拒絶させたか。

民族の自覚とまで言えるかどうかはわからない。しかし、血である、とは言えると思う。この中華の血と帝国主義の血は、どちらも磁石のN極である。同じ極同士がいっきにはじけたのである。片方は、はじけたあとで磁力をうしなって散らばった。いずれもっと強力な磁場が現れたなら、そのときはまた寄り集まるだろう。そのときは別のものにぶつかっていくだろう。

革命は間近であった。

第二章

ペリオの手帳から

ポール・ペリオ（一九〇六年撮影）

敦煌写本の発見

フランス東洋学にかがやくペリオの名は敦煌と結びついている。敦煌写本の入手は一九〇八年のことである。

二十世紀初頭の敦煌はまったく荒れはてたままで、流れ者の道士が住んでいただけだった。そこへスタインの探検隊がやって来て大量の写本を購入した。ペリオの探検隊が到着したのはその九カ月後である。

スタインは漢文が読めなかったので、片端から巻物の写本を木箱に詰めこんでいった。ペリオは漢文もサンスクリットもチベット語もなんのそのである。数日かけて目ぼしいものを抜き出した。そのため、入手した写本の価値は遅れてきたペリオが手に入れたものの方がはるかに高いと言われている。

敦煌写本の発見がその後の東洋学にあたえた恩恵は計り知れないものがある。それは今さら言うまでもないが、この快挙によってペリオの名は一躍世界に知られることになった。

本書でたどる義和団事件とそこでのペリオの活躍は、この敦煌写本の入手に先立つ西暦一九〇〇年、すなわち十九世紀の最後の年にあたる。

列強による植民地争奪戦はまだしばらくつづく。しかし帝国主義的な威嚇外交としては最後をかざる象徴的な事件であった。

北京へ向けて

ペリオは一八七八年にパリで生まれた。はじめ外交官をめざして政治学院（国立行政学院の前身）を卒業し、国立東洋語学校（のちに国立東洋言語文化学院に改称）で中国語課程を修了した。ここで東洋書誌学の大家アンリ・コルディエから薫陶を受けている。その後、パリ大学高等研究院でシルヴァン・レヴィからインド学を学び、コレージュ・ド・フランスでエドゥアール・シャヴァンヌから中国学を学んだ。

ペリオは義和団事件の前の年、一八九九年八月十五日にインドシナ考古学調査団の給費研究員に選抜された。十月二十二日にマルセイユを出航し、十一月十七日にサイゴンに到着している。スエズ運河はすでに開通していた。シベリア鉄道はまだ全線は開通していない。

翌年一月二十四日にはハノイに移り、そこに三カ月滞在した。フランス領インドシナの中心都市である。それから香港と上海に立ち寄りながら海路で三月二十八日に天津にいたり、翌日北京に到着した。なお、インドシナ考古学調査団は一月二十日に極東研究院に組織替えされている。ペリオは新制研究院の漢籍を充実させるため、初代院長のインドシナ学者ルイ・フィノから北京出張を命ぜられたのである。

フランスは一八七四年にヴェトナム南部のコーチシナを直轄植民地にしたのを皮切りに、中部の安南《アンナン》、北部の東京《トンキン》を保護領とし、これらを統合して八七年にフランス領インドシナ連邦を成立させた。カンボジアとラオスをのちに併合する。インドシナ総督が全権を掌握し、総督府はハノイに置かれた。九七年に第六代総督に就任したポール・ドゥメールの時代に財政基盤を充実させた。翌年インドシナ考古学調査団が組織される。それが二年後の一九〇〇年に極東研究院に昇格したのである。

正しくは極東フランス学院という。ただし教育機関ではない。えりぬきの若手研究者が長期の研鑽にたずさわるための高等研究機関である。人文科学と自然科学とを問わず、さまざまな分野の研究者を動員して現地での調査研究に従事させる。名だたる碩学を続々と輩出させたこのシステムは、さかのぼればナポレオン時代にまでたどりつく。

極東研究院（ハノイ）

ナポレオンの遺産

一七九八年にエジプトに軍事遠征したナポレオンは、その三年前に設立されたばかりのフランス学士院の会員たちを同行させた。カイロ郊外にエジプト研究院をつくり、歴史学者、地理学者、考古学者、生物学者、技術者、建築家を総動員してエジプトの自然と文化を調査させた。発掘や採集の成果が続々と本国にもたらされ、博物館や美術館をかざった。この徹底した現地主義の手法は、のちにインドシナにおけるアンコール・ワットの発掘調査にも発揮される。

極東研究院院長邸

現地経営のための予備軍は国内で養成される。エジプト遠征に先立つ一七九六年、パリに国立東洋語学校が設立された。そこでアラビア語から中国語、日本語に至るアジアの言語、さらにスラブ地域やアフリカの言語まで教授される。実践的な語学の修得が目的であるから、サンスクリットなどの古典語は教授されない。ペリオもここで中国語を学んだことは前述のとおりである。

エジプト研究院は帝政の崩壊とともに消滅したが、共和制のもと、一八四六年にアテネ、七五年にローマ、八〇年にカイロにフランス学院が設立された。イスタンブール、テヘラン、カーブルにも名称はやや異なるが同様の施設がある。

一八九〇年ごろ、フランス碑文文芸アカデミーに所属するインド学の研究者たちは、ベンガル州のチャンデルナゴールに研究所設立を計画した。そこはイギリスの王立アジア協会があるカルカッタ（コルカタ）のすぐ北に位置する。これは計画だけで終わったが、代わってフランス領インドシナにおいてそれが実現したのである。第二次大戦後、ベンガル湾に臨むポンディシェリに極東研究院附属のインド学研究所が開設されている。

後年のペリオは、中国からインド、イラン、トルコまでを対象に、歴史学、言語学、宗教学のいずれの領域においても浩瀚な業績をあげたが、その本領はやはり文献書誌学であろう。それは極東研究院時代につちかったものである。おびただしい文献を博捜し解読し記述する作業が、ペリオの研究の基盤をなしている。

ペリオはハノイでも上海でも北京でも、滞在した先々で書誌学者としての活躍をはじめている。北京での漢籍収集は研究院からあたえられた任務である。ここに紹介する彼の手帳は、義和団事件が勃発するまでのあいだは、文献探索の備忘録としての記述が主であった。

再発見された手帳

手帳は全部で四冊ある。

一八九九年八月十五日にインドシナ考古学調査団の給費研究員に選抜されたところから、一九〇一年六月二十六日に帰国の途につくまでのほぼ二年分をおさめている。ただ、途中七カ月分の欠落がある。義和団事件のときの記述だけが格段にくわしく、あとはいたってかんたんなメモである。

縦十四センチ、横九センチの手帳で、ポケットに入るサイズである（図1）。

フランス人が今もよく使う五ミリ方眼の罫線が入っているが、罫線などおかまいなしで、鉛筆で乱雑に書きこまれている。かなりの速筆である。文字の上に線を引いて訂正したり、あとから書き加えた跡がしばしば見られる。加筆は行間だけでなく、ときに欄外へおよんでおり、縦方向にも書き足している。白紙のページもあれば、紙を貼りついで追記した箇所もある。

いかにも籠城のさなかにポケットから取り出しては書きとどめたもののごとくである。言葉の省略はもちろん、重複も誤記もやたらに多い。尻切れトンボの文章も少なくない。読みやすいものではないが、かえって書かれたときの緊迫感が伝わってくる。

四冊あるうちの第一冊は七十九ページまで記されている。ペリオは自分でページ番号をふっている。途中に空白のページや貼りつぎもあるので、全部で七十五ページ分の書きこみがある。一八九九年八月から翌年五月までの記述は、ほとんど備忘録程度の事項の列挙にすぎない。五月十六日に清国人キリスト教徒の虐殺を報じたところから記述は俄然詳細になる。六月二十日から列国公使館籠城がはじまった。それから二十四日までの記事をおさめる。

第二冊は公使館籠城の記事がつづく。通しで百十三ページまである。空白の箇所をのぞいて都合三十ページ分の書きこみがある。六月二十五日から七月三日までの記事をおさめる。

第三冊も承前。通しで百四十五ページまで。書きこみは二十九ページ分である。記事は七月四日から十七日まで。後述する敵陣来訪の直前まで記されている。ここで記事は中断する。

第四冊は義和団事件の翌年の記事である。通し番号があらたまり、二十八ページまである。すべてのページに書きこみがあり、空白はない。一九〇一年二月二十二日から六月二十六日にハノイを出航するまでの記述をおさめる。

この手帳は一九七三年にコレージュ・ド・フランスの図書館で再発見された。晩年まで書きこみを絶やさなかった資料の束にまぎれていたのである。煩雑な校訂作業をへたのち『北京日誌』と題して公刊された。

北京の日本人社会

十九世紀の最後の年に世界を騒がせた義和団事件は、日本も当事国の一つであるから、多くの在留邦人がこの事件に遭遇した。ほとんどは外交官や軍人だが、多少なりとも私たち（あじあブックスの愛読者）に親しみのある人物もいる。服部宇之吉《はっとりうのきち》と狩野直喜《かのなおき》である。二人とも明治政府の留学生として北京にいた。のちに中国文学の研究者となる古城貞吉《こじょうていきち》も、日報社（大阪毎日新聞の前身）

【図 1】ペリオの手帳（コレージュ・ド・フランス所蔵）

の特派員として北京に赴任しており、ともども籠城に加わる羽目になった。のちに服部は『北京籠城日記』と「北京籠城回顧録」を著している。

石井・ランシング協定で知られる石井菊次郎も公使館一等書記官として籠城した。服部とは学部はちがうが帝国大学卒業が同期である。

日本公使館に武官として派遣され、のちに公使館区防衛を統率した柴五郎中佐は、帰国後に軍事教育会の求めに応じて事件の経過を報告した。その筆録が『北京籠城』と題して刊行されている。

また、柴中佐のもとで前線の指揮をゆだねられた守田《もりた》利遠《としとお》大尉も日記を残していた。家族が大切に保存していた。出版は二〇〇三年であるから、百年ものあいだ眠っていたことになる。ペリオの手帳に劣らぬ貴重な資料と言えよう。これもあわせて参照したい。

彼ら軍人だけでは籠城は支えきれない。後日、民間人からなる義勇隊が組織された。役人も学者も、商社員も新聞記者も、理髪師も植木屋も、成年男子みな義勇隊員である。

なにしろ急ごしらえの部隊であった。日本刀でも槍でも武器になりそうなものはなんでもぶらさげている。服装も背広あり半被《はっぴ》あり、まるで仮装行列だ。服部先生、「名こそ義勇隊なれ義和団に似たらずやなどと互いに戯れたることもありき」と記している。隊長が訓示にあたり、開口一番「義和団諸君！」と言ってしまった。推して知るべし、「いかに外形の貧弱なりしかを」。それでも誰もが悲壮な覚悟を決めていたのだ。

北京の城壁

舞台と装備一式

日本公使館はどこにあったか。

列国の公使館は北京の東交民巷《とうこうみんこう》にかたまっていた。北京の町は堅固な城壁に囲まれている。紫禁城を囲む壁があり、その周囲に官庁や皇族の邸宅があって内城をなしている。東交民巷は内城の東南にあった。その内城を囲む壁があり、全長十四キロにもおよんでいる。煉瓦づくりで厚さ二十メートル、高さは十六メートルもある。

中国の古い町はどこも城壁で囲まれている。中国だけではない。ユーラシア大陸の西から東まで、都市というのはそもそも城壁に囲まれている。広い大陸にさまざまな民族が暮らしている。よその国、自分たちとは異なる民族がいつなんどき攻めてこないともかぎらない。家々が寄り集まり、その周囲に壁をめぐらす。門を設けて、そこだけ出入りを可能にする。夜になれば門を閉じる。日本やイギリスのような島国だけが例外であろう。

この城壁にへばりつくように東交民巷がある。頑丈な防御壁がすぐ南にあることは列国公使館にとって幸運であった。連合軍が救援に駆けつけたとき、どの門から突撃するかが問題になったほどである。

東交民巷のなかほどに御河《ぎょが》という小さな運河が南北に流れており、その西に英国公使館、東に粛《しゅく》親王府《しんのうふ》があった。アロー戦争後の天津条約によって外国公使の北京常駐が認められ、つづく英仏連合軍の北京占領によって親王の邸宅が接収された。最初はここに英国公使館が置かれた。粛親王府を取り巻くようにして列国の公使館が軒をならべていた。

籠城のはじめのころは公使館ごとに応戦したが、支えきれないところは粛親王府に避難することになる。清国人のキリスト教信者らもここにかくまった。御河をはさんで向きあう英国公使館と粛親王府がやがて籠城の拠点となったのである。

連合軍を組織した八カ国以外に、オランダとベルギーとスペインの公使館もある。他に外国商社や銀行があり、ホテルも一軒あった。わずか一キロ四方の区域に、十一カ国の外交官と居留民、派遣された海兵隊員あわせて千人、避難してきた清国人キリスト教徒三千人でごったがえしていた。

彼らの武器といえば、これがなんとも貧弱である。

大砲はのちにイタリア陸戦隊が軍艦から運んでくる三十七ミリ水雷砲が一門のみ。英国公使館に

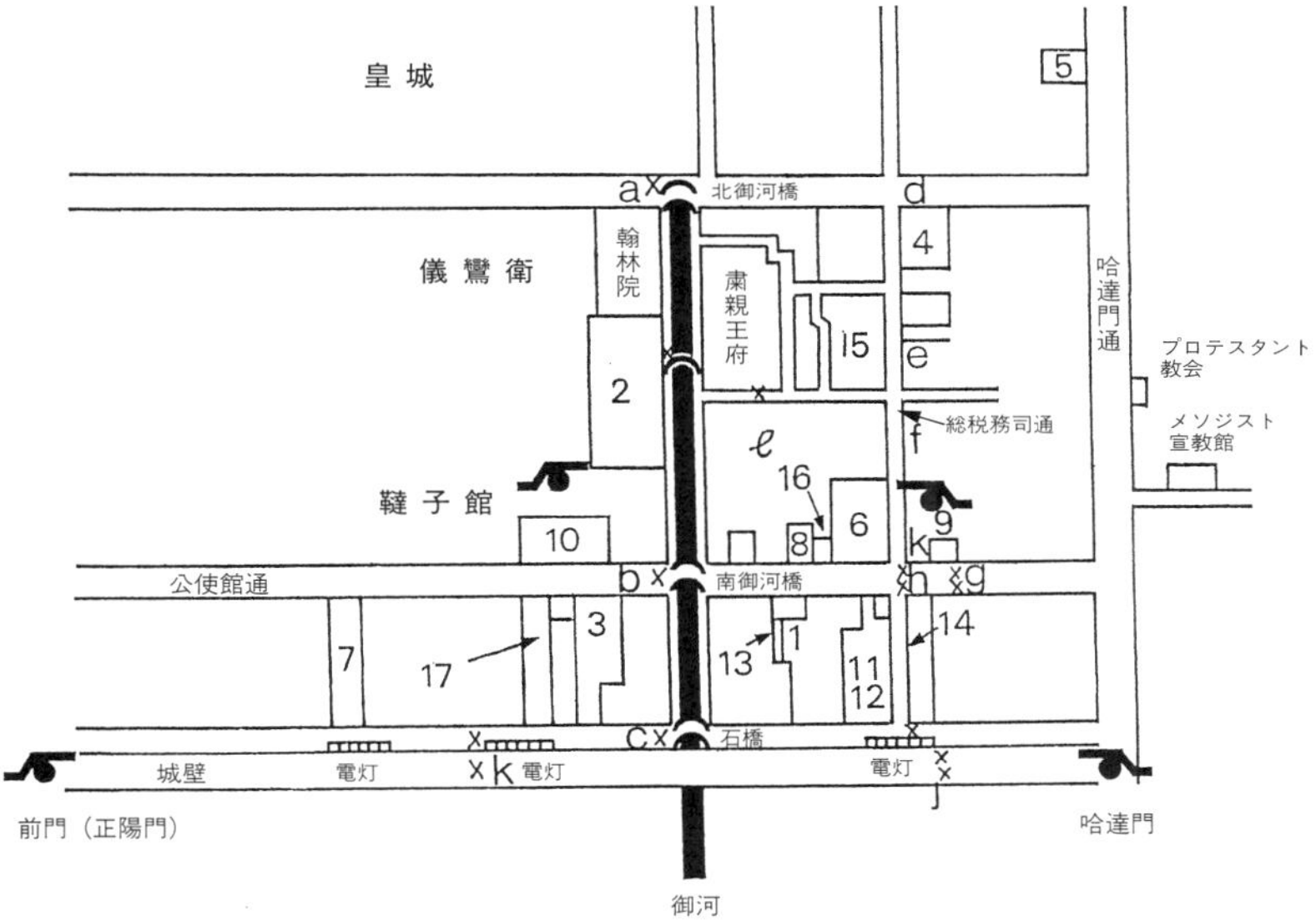

北京東交民巷（公使館区）

1．ドイツ公使館
2．イギリス公使館
3．アメリカ公使館
4．オーストリア公使館
5．ベルギー公使館
6．フランス公使館
7．オランダ公使館
8．日本公使館
9．イタリア公使館
10．ロシア公使館
11．北京クラブ
12．テニスコート
13．厩舎
14．徐桐邸
15．総税務司
16．北京ホテル
17．露清銀行
a〜l．各国公使館バリケード

速射砲が一門、あとは小口径の機関砲がいくつか。しかも弾丸は限られていた。ペリオの手帳には、モーゼル歩兵銃、バイヨネット十六型銃剣、ルベル式連発銃の名があがっている。最後のは新型である。フランス軍が第二次大戦の直前まで使っていた。あとのふたつはいたって旧式。兵士たちが持っている小銃は型式がてんでにばらばらなので、弾丸の貸し借りもできない。
少し先へ急ぎすぎたが、とにもかくにもこれで準備万端である。

ペリオの仲間たち

義和団による排外運動のきざしは一九〇〇年をさかのぼる数年前から現れていた。しかし、いよいよきな臭くなってくるのは、この年の五月からである。柴中佐もそのように書いており、ペリオも同じように感じとっていた。
ペリオの手帳にそうした異変が現れるのは、五月十六日の記事からである。この日までは事実の手控え程度の記述しかない。たとえばその数日前から見ていくと、五月十二日の記事は次のとおりである。

フリッシュといっしょに馬に乗って長辛店《ちょうしんてん》まで出かけた。そこでヴィルダン、グランジャンらに会う。マルコ・ポーロの橋を渡った。

フリッシュというのはフランス公使館の通訳見習いである。ヴィルダンとグランジャンは北京のフランス鉄道会社に雇われていた通訳である。

このペリオの手帳にはおびただしい人名が出てくる。そのほとんどは歴史上あまり重要でなく、むしろまったく無名の人々である。ところが校訂本では、あまさずその身元調べがなされている。そのためには当時の些末な資料にもあたらねばならないはずである。たいへんな苦労であったにちがいない。

北京北堂（1900年以前撮影）

この最後のグランジャンという人は、公使館籠城の際にペリオといっしょに義勇兵に志願した。そしてペリオの勇敢な行為、というよりは、はっきり言って軽はずみな行ないのせいで命を落としてしまう。そのことが話のクライマックスとなるペリオの単身敵陣乗りこみの伏線になっていく。というわけで、この青年は本書の重要な登場人物のひとりということになる。

日付がないので確定はできないが、おそらくその前後に撮影されたと思われる写真がある（図2）。「マルコ・ポーロの橋」という名でペリオは記している。北京の南の永定河にかかる、かの盧溝橋《ろこうきょう》である。

動乱のきざし

つづいて手帳の翌日五月十三日の記事は、「長辛店から帰還。公使館通りで電灯が三機稼働」とある。だいたいこんな調子でつづいていく。

その翌日、イエズス会宣教師のガイヤール神父が亡くなった。ペリオは上海で神父と知りあい、北京に着いてからいろいろ人を紹介してもらったのである。

五月十五日は、「ガイヤール神父の埋葬に出席。デュ・クレ神父が南堂で式をつかさどる。ファヴィエ神父は不在」とある。

デュ・クレ神父もイエズス会の所属である。ファヴィエ神父はヴィンセンシオ宣教会士で、北堂の司祭であった。

北京には東西南北にそれぞれ由緒あるカトリックの聖堂がある。もっとも古いのが南堂で、一六〇五年にイエズス会が北京宣教の拠点とするため宣武門の近くに建立した。乾隆帝の援助で再建されたが、義和団事件のとき東堂・西堂とともに放火された。一九〇四年に復興している。

北堂は清朝のはじめに康熙帝から紫禁城の西側にたまわった土地にイエズス会が建立した。禁教後に破壊され、一八六〇年の北京条約で土地が返還された。連合軍とともに北京に入ったヴィンセ

【図２】マルコ・ポーロの橋（1900 年撮影）

ンシオ宣教会がこれを再建した。西太后が宮廷の中庭を拡張したとき、現在の西什庫に七ヘクタール半もの代替地を得て、一八八九年に大規模な聖堂が新築された。

北堂は公使館区とは別に籠城の中心となった場所である。多くの清国人信者をかくまって立てこもった。連合軍の北京占領によって解放されるまで、二カ月にわたって多くの死傷者を出しつつも防衛しつづけたのである。ファヴィエ神父はその中心人物である。

神父は一八六一年に北京に派遣され、北堂移転の交渉にたずさわって清朝から信任を得た。直隷総督李鴻章《りこうしょう》の要請でヴァチカンにおもむき、清国に教皇庁公使を派遣することに尽力したが、これは頓挫した。

先ほど述べたとおり、ペリオの手帳は五月十六日から、きな臭い異変の数々が記されるようになる。記述は格段に豊富になり具体的になっていく。『北京日誌』の醍醐味はここからはじまる。章を改めてたどってみたい。

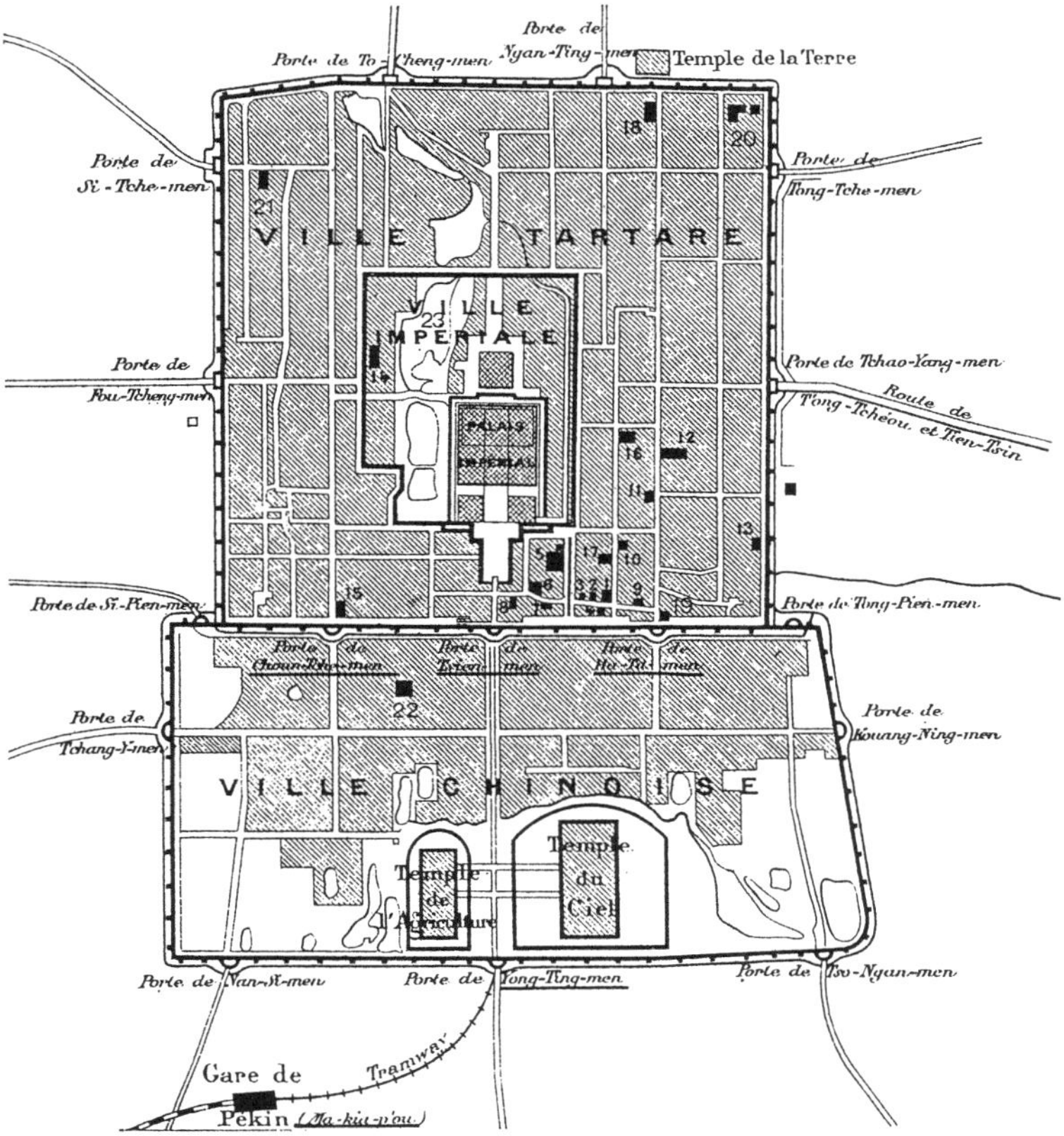

北京城

1．フランス公使館
2．日本公使館
3．スペイン公使館
4．ドイツ公使館
5．イギリス公使館
6．ロシア公使館
7．アメリカ公使館
8．オランダ公使館
9．イタリア公使館
10．オーストリア公使館
11．ベルギー公使館
12．総理衙門
13．天文台
14．カトリック北堂
15．カトリック南堂
16．カトリック東堂
17．総税務司
18．孔子廟
19．メソジスト宣教館
20．ロシア正教北館
21．カトリック西堂
22．琉璃廠
23．北海

第三章

暗雲たれこめる北京

ポール・ペリオ（一九二一年撮影）

動乱はじまる

一九〇〇年の華北は前年からつづく干魃に悩まされていた。年が明けてからほとんど雨が降っていない。

五月もなかばを過ぎようとしていた。このあたりから、義和団の異変を北京にいた人々も感じはじめたようである。五月十六日を境に手帳の記述はにわかに分量を増してくる。

この日は日付のすぐあとに、「天文台の近くでドイツ人の旅行者らが拳銃で撃たれたという知らせを公使館で聞く」と記されている。このニュースはのちに誤報であることがわかった。

その後、公使館区への通信手段がいっさい遮断されてしまうので、こうした誤報やガセネタは日増しに多くなる。人々の受けとめ方も深刻になっていく。ペリオの手帳にはそのことが逐一記されている。

通信網を遮断された状況下の人間がどれほど不確実な情報に翻弄されていくか、ということがこの手帳から切実に読みとれる。義和団事件に関するたいていの書物は事件から時間を置いて再構成されたものである。たとえ事実であれ、誤報に右往左往したというのはいかにもみっともない。その手の話は削除されるであろう。翻弄される人間の愚かさと、そして正直さとはそこからうかがうことができなくなってしまう。

もたらされる情報

五月十六日の記事はつづけて言う。

保定府の近くの村の教会で信者七十人が虐殺されたとの報告を確認した。さらに新たな知らせ。長辛店の近くの村の住民六十人がみな腹を裂かれて殺されたという。清朝宮廷が信者の虐殺をあおっているとの噂。

じつはその四日前の五月十二日、河北省涞水《らいすい》県で清国人のキリスト教信者六十一人が虐殺されたという通報が列国公使館区に届いていた。

十二日の朝八時、涞水県の知県のもとに義和団員が千人近くも集まっているとの不穏な知らせがあった。知県は役人を向かわせたところ、その数に恐れをなして逃げもどってきた。この日の午後、教会や信者の家が焼かれている。瓶に火薬をつめて放火したという。知県の報告では、「教民の男女老若二、三十人」が殺害されて井戸に投げこまれ、二人が拉致されたとのこと。清朝では清国人のキリスト教信者を「教民」と呼んだ。ところが後の調査で、死者は四人だったことが判明する。これが正しい数字だが、列国公使たちは六十一人殺害と思いこんでしまった。河北省からも役人が派遣され、四日後の五月十六日に、事件に関与した義和団員十人が逮捕された。

この事件は守田大尉も日記に書きとどめている。十三日に最初の一報が入った。やはり「信徒七十余名ヲ殺戮」と伝えられたのである。翌々日の記事には、「北京城内ニモ既ニ多クノ団匪入リ込ミ居リ、内外相応シテ一挙外国人ヲ殺戮セシナド、種々ナル流言百出ス」とある。この「流言百出」の文字が周囲の混乱を物語っていよう。

援軍の至急要請へ

このような事態を受けて、五月二十日に第一回の列国公使館会議が開かれた。その結果、清国の外務省にあたる総理衙門《そうりがもん》へ、義和団の取り締まりを要請する共同勧告がなされた。

ちなみに清国総理衙門はアロー戦争後の北京条約締結の翌年に設置されている。そもそも中華の国に外交はありえない。それが国家の原則である。中国と対等の国は存在しない。外国とは属国でなければ朝貢国である。通商といえども朝貢の一形態にすぎなかった。したがって、それまで外交をつかさどる窓口がなかったのは当然である。なんとも。

その後も何度か列国公使と総理衙門とのあいだでやりとりがあった。二十八日になって事態はさらに悪化する。

教民たちが北京城内に逃げこんできた。彼らの話によれば、北京の南にある長辛店の町が義和団員によって放火され、宣教師団が襲われたという。電信用の電線も遮断されてしまった。ペリオは手帳の余白に、「豊台が軍隊に焼かれた」と書き足している。長辛店も豊台もいずれも北京城とはわずかの距離である。現在は北京市に編入されている。

その日の午後、ふたたび公使たちが参集して援軍の要請について話しあった。ペリオの手帳は次のように記す。

清国総理衙門

列国公使館会議が二十八日の午後に開かれ、派遣部隊を要請することで意見が一致した。ピション氏とクロード〔・マクドナルド〕閣下は、それぞれ単独で分遣隊に打電していたことをあかした。公使たちは各国護衛隊の出兵要請にようやく合意したのである。雨が降りはじめた。

公使らが雁首をそろえて会議を開くのは何のためか。一致して事に当たるべき事態だからではないのか。にもかかわらず、さっそく抜け駆けがはじまっている。とくにフランス公使ピションと英国公使マクドナルドはその二大巨頭であった。前者は臆病大明神、後者は横柄大権現。それに振り回されるのはいつも下っ端である。

ペリオ、救援に向かう

明けて二十九日、総理衙門から通達があった。清国官兵を護衛にあたらせるので、援軍派遣にはおよばないという。

その日の朝、フランス公使館から長辛店に救援に向かった人々がいる。公使館に隣接する北京ホテルのオーナーだったシャモーなど民間人ばかりである。ペリオも同行した。

朝早く長辛店に向かう。シャモー夫妻、パロ氏とモール氏、鉄道の仕事でフランスから来たばかりのマテュー氏、琉璃河《るりが》の駅長バルトラン氏、そして私。他にシャモー家の馬夫とロバ引き六人が従う。盧溝橋の駅舎は焼かれた後だった。昼ごろ長辛店に到着した。伏せっていたブイヤール氏を救出した。〔西洋人の〕男性十三人、女性八人、子ども五、六人も全員保護することができた。義和団員はすでに逃走していた。宣武門の住民は私たちに敵意を抱いているようだ。長辛店の市街から煙が出ているのが見える。

柴中佐は外国人救援の「美談」としてこれを特記した。「北京ホテルの主人シャモー夫婦と、他の勇敢なる四、五人の洋人は、夜中馬を馳せて、該地西洋人男女小児三十人ばかりを救うてきました」とある。朝まだ暗い時刻の出発だったのであろう。

このとき撮影された写真がいくつか残っている。現地に到着した一行（図3）、および長辛店の欧米人居住区で撮影されたものがある（図4）。ここには日傘をさした婦人が写っている。命の危険よりも、日焼けの方が心配なのか。保護したフランス人たちとその荷物を馬やロバに乗せ、町からひきあげる様子が撮影されている（図5）。夕方になって北京の城壁まで帰り着いたときの写真もある（図6）。城壁の壮大さと人々の動きが出ていて、貴重な映像だと思う。

この日、城門の近くで西洋人ふたりが襲われた。

ロンドン・タイムズの特派員モリソンとロイター通信の特派員が、前門〔正陽門〕のところで清国の兵隊に狙撃された。私たちは帰途にそのことを知った。

ロイター通信員の名はホワイトホールという。手帳にあとから書き足されている。モリソンは公使館区では知らぬ者のない人物であった。

【図3】長辛店に到着したペリオ一行

【図４】長辛店欧米人居住区から避難する人々

【図５】長辛店からの出発

【図６】北京城への帰還

いくつもの顔を持つ男

東洋文庫の基礎を築いたことで知られるモリソンの名は、ペリオの手帳に何度か出てくる。たとえば七月十六日のところに、イギリス海軍大尉ストラウツとモリソンが狙撃されたことが記されている。前哨の巡視を終えて英国公使館にもどろうとしたときだった。

朝、ストラウツ艦長とモリソンが粛親王府に行き、無防備にも〔敵に〕身をさらしてしまった。ストラウツは腰に致命傷を負った。モリソンも腿に軽傷を受けた。

このとき柴中佐もいっしょだったが、怪我はなかった。ストラウツ大尉はその晩、絶命した。モリソンの方はたいした怪我ではなかったようだが、これでお役御免になった。それからはベッドの上で、ロンドン・タイムズ向けに長編の奮戦記を書き送っている。

モリソンの日記は公刊されていないが、ウッドハウス暎子氏がオーストラリアのミッチェル図書館でこれを捜索された。そこには自分が先に銃弾を受けたと記されている。わが身の痛みをこらえつつ、柴中佐とともに瀕死のストラウツをかばって安全なところまで運んだ。駆けつけてきた日本人の軍医とともに、ストラウツに止血をほどこしたという。たいした武勇伝である。

ここに出てくる軍医とは日本公使館付一等軍医の中川十全《なかがわじゅうぜん》である。彼も軍務日誌をつけていた。

その記述はモリソンのそれとはややちがう。

大尉負傷の急報を受けて、中川軍医が現場に駆けつけたとき、モリソンは大尉のかたわらにいた。止血は軍医がほどこした。そのとき、「敵再ビ吾人ヲ狙撃シ、モリソン氏ノ右大腿ヲ射ル。モリソン氏卒倒ス」と記されている。

軍医という立場からの記述である。おそらくこれが事実に近いのではないか。柴中佐の『北京籠城』の記述もこれを裏づける。「ストラウツ大尉まず重傷を負い、ついでモリソン氏も打たれ、私は軍服の左脇を打ち貫かれた」とある。

ジョージ・モリソン

どうもモリソンは油断ならない。自分を英雄にせずにはおかない性癖があるらしい。日記までフィクション仕立てである。この調子で公使館区の人々に吹聴したのだろうか。

誤解の元凶か

こういうモリソンの実像に迫ろうとした本がある。シーグレイヴの『ドラゴン・レ

ロバート・ハート

ディ』である。この本は西太后像の読みなおしを試みたものであり、モリソンのようないくつもの顔を持つジャーナリストによって造形された女帝のイメージを洗い出している。

シーグレイヴも同じくジャーナリストである。いったい何を根拠にして書いているのかと思える所もなくはない。ただ、ペリオのリアルタイムな記録のなかには、モリソンではなくシーグレイヴの観察を裏づけるところがあるのも確かである。

西太后といえば、映画で見るような残忍な権力者像がすっかり定着しているが、これはモリソンやその相棒たちが寄ってたかってこしらえたところも少なくない。

清国総税務司をつとめたロバート・ハートのような、朝廷の信頼を得ていた紳士の目から見れば、西太后は毅然としているが情のこまやかな老婦人であった。宮廷の坊ちゃん方は優柔不断なくせに勝手なことばかり言う。それに日々心を砕いているグランド・マザー。それ以上の存在ではなかったようである。

それがどんなはずみでか、極端にゆがめられた西太后のイメージが一人歩きをはじめてしまった。これが義和団事件そのものに対する大きな誤解に結びつくことにもなっている。これは章をあらためて考えてみたい。

日本人書記生の受難

六月十日、シーモア提督がひきいる救援軍が天津を出発した。ペリオは記す。

天津からの電信で、兵士千人が列車二本に乗りこみ北京に向かったという。イギリス兵五百、フランス兵百、ロシア兵百、ドイツ兵百ほか。午前中に北京へ通じる電話線が切断された。天津との連絡はもはや不能となった。端郡王と義和団の有力者三人が総理衙門の成員になったという。

手帳の「ドイツ兵百」の文字は、あとで線を引いて消してある。実際の兵員数は二千であった。日本軍も参加している。総理衙門の「成員」のところは「首脳」と書きかえてある。

救援軍に関する情報は紫禁城にも達していた。十日未明に御前会議が開かれ、保守排外勢力の親玉である端郡王が総理衙門首席大臣に任ぜられたのである。

六月十一日に、日本公使館の書記生杉山彬《すぎやまあきら》が救援軍を迎えに北京城外の駅へ向かった。天津出発の知らせはあったものの、電話線の切断によって以後の消息が不明だった。そこで到着を見計らって迎えに行ったのである。しかしそのとき救援軍は天津に引き返していた。途中の線路が破壊されており、徒歩で進軍しはじめたところへ義和団の猛攻撃を受けたためである。待てど暮らせど軍隊は到着しない。ペリオは「日本公使館の書記生が永定門の外で、董福祥《とうふくしょう》の兵士に殺害された」と記した。さらに翌日の記事に言う。

朝、救援軍到着の誤報。夜通し法螺貝《ホラ》と銅鑼《ドラ》でひどい騒音だった。露清銀行員がおびえきって重要書類を移送しだした。女性行員をロシア公使館に避難させる。ベルギー公使が言うには、董福祥の軍隊が海兵隊の入京を阻止したにちがいないという。（中略）十二《(ママ)》日午後の日本人殺害のことをみなが知った。

杉山書記生は清国の兵士らに撲殺され、城門の近くに遺棄された。守田大尉の日記は、「各国ハ杉山君ノ為メニ皆半旗ノ礼ヲ為シタリ」と伝えている。

第四章

翻弄される人々の群れ

ポール・ペリオ（一九二〇年代撮影）

戦闘のはずが？

六月二十日の午後四時、公使館立ち退きの期限が切れた。これは清国総理衙門からの最後通牒によるものである。このときをもって公使館籠城がはじまったとされている。ハリウッド映画になった「北京の五十五日」はこの日を起点とし、八カ国連合軍によって北京が解放された八月十四日までを指している。

ペリオの手帳はこの日だけで八ページにもおよんでいる。そのうちの二ページ分は後から紙を貼りついで書き足しているほどである。ドイツ公使であったケッテラー男爵が殺害されたのも、この日のことだった。

―ピション邸で公使ら会議。朝四時に返事を出した。―

ここにはあとから書き足しがある。「返事のなかで通訳をひとり送るよう提案した」という。結局、公使らが総理衙門へおもむくことは見合わせることにした。ところが、何を思ったかケッテラー男爵がともまわりを従えて出ていった。

―ケッテラーは通訳官コルデスとドイツ兵五人とともにオーストリア公使館に向かった。そこで―

兵士らを帰らせ、自分たちは轎《かご》に乗りかえた。しばらくして、ふたりが襲撃されたことを馬夫が知らせに来た。男爵は殺され、通訳官は大怪我をしてメソジスト教会の病院にかつぎこまれたという。ドイツの将校と兵士二十人が現場へ駆けつけ、公使館の医師フェルデが病院に向かった。ケッテラーは襟首のあたりを撃たれて死亡したことが確認された。

この日はフランス公使館からも犠牲者が出ている。夜中まで銃声がやむことはなかった。ペリオはつづいて記す。

晩の八時、大振りの刀をぶらさげ、真っ赤ないでたちをした義和団員どもが、オーストリア公使館に火を放った。フランス公使館のバリケードからの銃撃と、日本公使館か、あるいは英国公使館からの銃撃で、義和団員どもはどこかへ退散し、火は消し止められた。

ペリオは「義和団員」の文字を最初は複数で記し、その上から線を引いて単数にあらためている。恐怖にとらわれた人間には、ひとりの兵士が何人もいるように思えてしまうのか。

翌日になると、列国公使館のまえには土嚢が山積みされ、防備がいっそう強化された。しかし事実は、義和団員はこの日を境に公使館区の周辺からまったく姿を消していたのである。

清国の兵隊はあいかわらず公使館の周辺に駐屯していたが、今やその大半は、栄禄《えいろく》将軍の指揮下にある部隊で占められていた。西太后の忠臣である栄禄が、西太后からじきじきに公使館区の護衛を命じられたためである。

どこよりも安全

これに先だつ六月十六日に紫禁城で御前会議が開かれている。そこで義和団および列国に対する宮廷の態度をどう決すべきかがはかられた。その結果は、義和団に対しては、弾圧はしない。列国に対しては、公使館を保護することで救援軍が北京に侵攻する理由をなくさせる。それでもなお侵攻を阻止できないときは、やむを得ない。「戦を決す」との決定がなされた。

義和団事件に関する檔案《とうあん》（公文書）のなかに、このとき発せられた上諭がある。六月十六日、旧暦では五月二十日付けで、軍機大臣の栄禄に対して公使館を「実力で保衛せよ」という命令がくだされている。

さらにもう一つの上諭は、直隷総督の裕禄《ゆうろく》に対して救援軍の北京侵攻を断固阻止せよという命令である。これはその前日、六月十五日（旧暦五月十九日）に裕禄自身によってなされた上奏に応じたものであろう。

裕禄はそのなかで次のように述べている。列国の軍隊が北京に進むのはなんとしても阻止すべきだが、現在のわが方の兵力では一国にさえ太刀打ちできない。八カ国の軍隊が相手ではどうにもならない。「断じて和を失するの理なし」とある。

公使館の防衛

和議に持ちこむためには、是が非でも列国公使館を義和団の手から守らねばならなくなった。しかし、公使館区の人々はそんなことなどまったく知らない。本来その伝達機関であるはずの総理衙門が宮廷内の強硬派に乗っ取られてしまったので、たがいに連絡の取りようがなかったのである。

事実は、公使館区の外側で非常線がはられていた。そのおかげで、内側にいる人々は義和団の襲撃を完全にまぬがれ、今までとは比較にならないほど安全になった。にもかかわらず、人々の不安はますます高まり、清国正規軍までいっしょになって攻めてくるかもしれないと思いこんでしまったのだ。

また一斉射撃が

思いこみというのは恐ろしい。

六月二十日以降のペリオの手帳には、「殺《シャ》、殺《シャ》の叫び声がここまで聞こえてくる」という記述が、それまでにも増してくりかえされる。清国兵士の軍服まで義和団のそれに見えてくる始末だった。しかしその一方で、どうもおかしい、という疑問もまた随所に記されている。「また一斉射撃が始まった」という文句は頻繁に現れる。しかしその合間合間には、「いったい何に向かって？」「誰を狙って？」という文句が混ざっている。二十三日の記事に言う。

> 七時、激しい一斉射撃。おそらく清国人であろう。何に向かってか？ヴェルダールが昨晩十一時ごろ城壁の上に行った。慶親王の軍隊がいつもそこで見張っている。若い高官に呼びとめられた。ヴェルダールは彼に話しかけたが、そこから銃を撃つことはないという。私の方は、昨夕四時ごろ城壁の下まで行ってみたが、清国人も欧米人も見かけなかった。（中略）
>
> 十時、おそるべき砲撃がはじまる。どこへ？　誰に向けて？

どこから発砲され、どこへ向かって発砲されているのかまるで見当がつかない。人々はあそこからだ、ここからだと根拠のない憶測ばかり重ねているありさまだった。しかも被害らしい被害は全然ない。

それもそのはずである。実際には空砲を撃ったり、爆竹を鳴らしているだけだった。ドラム缶のなかに爆竹を放りこんで景気よく鳴らすのは、中国人が戦争でよく使う手である。

ペリオの手帳を読んで一番に感じることは、いったいこの人たちは何と戦っているのかという疑問である。

義和団と戦っているのではない。清国の兵隊と戦っているのでもない。

その一方で、公使館区のなかでは年がら年中いさかいが絶えない。罪のなすりあい、ヘマの言いわけ、怠慢のごまかしは日常茶飯事。そのくせ西洋人だけあって自己主張は超ド級ときている。彼らの全エネルギーは公使館内のいざこざに費やされているようにしか見えない。まさしく集団ヒステリーのるつぼであった。

日本兵の面目躍如

フランス公使のピションは、のちのクレマンソー内閣で外務大臣を務めた大物政治家だが、からっきしの臆病者である。こんなに誰からもバカにされている男もめずらしい。籠城中の唯一の貢献は、いつもみんなに物笑いの種を提供したことだとか。

公使殿は指揮官のダルスィー大尉と事あるごとに対立し、たがいになじりあっている。フランス公使館の義勇兵たちはトップに翻弄されっぱなしだった。六月二十二日、ペリオは記す。

ピション公使から指揮官へ伝達。絶対的必要時以外、公使の命令がなければ退却してはならぬと。一時間のうちに五回も命令、そして命令の撤回！

柴中佐や守田大尉の記録と読みくらべてみると、その差は歴然としている。日本の外交官と軍人は、たがいにおのれの本分を守っている。軍人にあっては上官は部下をいたわり、部下は上官を信頼して忠誠を尽くす。まことに日本人に生まれてよかったと思う。もっとも、これは明治の話。

それやこれやで籠城の拠点だった英国公使館以外の地域の指揮は、列国公使たちのたっての要望により、日本の柴中佐が執ることになった。状況の如何によっては退却命令を出さねばならない。これは兵士にとっては命にかかわることである。それを鼻っ柱の強い欧米人たちがみずから進んで柴中佐に指揮をゆだねたというのは、たいへんな信頼の篤さと言うべきであろう。

それにひきかえ毛唐のだらしなさというのは、あいた口がふさがらないほどである。

北京の内城をめぐる南の城壁の中央に正陽門がある。ここを列国公使館から兵隊を出して交代で守備することが決められた。

しかしいざはじまってみると、交代の時間が来ても誰も来ない。なんだかんだ所用を言い立てて交代に立とうとしない。かと思うと、いつまでもグズグズして降りてこない奴らがいる。交代の者が城壁の上へ登ってみれば、どいつもこいつもへべれけになるまで酔っぱらっている。まじめにやっているのは日本兵だけ。

ペリオの手帳には、日本兵といっしょにフランス兵もがんばっていると書いてあるが、どうだか知れたものではない。なんと言っても一番ダメなのはアメリカ兵とロシア兵である。こんな国の奴らにいずれ戦争で負けるのかを思うと、じつに無念である。

ついえた民族の遺産

六月二十三日は朝から北風が吹き荒れていた。連日の晴天である。気温は華氏九十二度（摂氏にすれば三十三度）と守田大尉は記録している。大尉の日記には、「北風激シク、敵兵各所ニ放火シタリ、午前ハ東ハ海関、西ハ英国公使館ノ北隣ナル翰林院トス」とある。

ピション公使

海関は総税務司ハートの広大な邸宅である。フランス大使館の北にある。英国公使館は列国籠城のいわば総本営であった。翰林院《かんりんいん》はその北側に接するように建っている。突風に乗じて風上から火を放てば、両公使館はたちまち類焼するだろう。ペリオは記す。

> 英国公使館の裏手で火災。翰林院を奪還したが、書庫は破壊されてしまった。『永楽大典《えいらくたいてん》』の手写本と『古今図書集成《ここんとしょしゅうせい》』の銅版本があった。

義勇兵たちが消火活動に追われているとき、火もとの翰林院に飛びこんでいった日本人がいる。日報社特派員として北京に赴任したばかりの古城貞吉である。燃えさかる書庫から手当たり次第に本をつかみ、かろうじて何冊かを救い出した。古城はのちに中国文学者として世に立った。

『永楽大典』は明の永楽帝の勅命を奉じて十五世紀に編纂された類書、すなわち百科全書である。項目ごとに関連する文章を抜粋しただけではない。関連する書物をまるごと収録した。二万三千巻一万一千冊におよぶ民族の偉業である。明末の動乱のとき原本は焼失したが、手写本による副本が清朝に引きつがれた。翰林院の蔵書が現存する唯一のものだった。『古今図書集成』は清の雍正帝の時代につくられた中国最大の類書である。このいずれをも備えていた翰林院は、清国の国立図書館にほかならなかった。

城壁上の守備

書庫から取り出すことができた分量はきわめてわずかだった。消火の際に池に投げこまれ、水にぬれたため土をかぶせてしまったものもある。『永楽大典』は縦五十、横三十センチメートルの堂々とした書物である。のちに連合軍が大砲運搬のとき敷物に用いたという。偉大な中華の遺産はこうして散逸した。

救援軍到着のきざしか

犠牲者の数もだんだん増えてくる。いつになったら救援軍は到着するのか。

七月二日のことだった。遠くで警報が鳴ったきり、大砲の音も聞こえてこない。静かな晩である。

そこへピション公使が勢いこんで現れた。南の夜空に光線《ビーム》を見たという。マクドナルド英国公使はそれを聞くなり即座に答えた。イギリス軍最新鋭の電気光線にまちがいなしと。トランスヴァールの包囲戦ではじめて使用されたものだという。

イギリスは義和団事件の前年からアフリカでの領土獲得戦争に突入していた。一九〇二年にようやくトランスヴァールをはじめとする南部一帯に覇権を確立する。列強の世界分割の最後を締めくくるボーア戦争である。

義和団事件でもイギリスはもっとも強硬に出兵を主張した。しかしアフリカに兵力を投入しているため極東にまで手がまわらない。ロシアが大軍を派遣してくれれば、そのまま居すわるに決まっている。それだけは阻止したい。そこで日本に出兵を要請した。八カ国連合軍一万六千のうち日本軍が最大規模であったのは、そうした事情によるのである。地理的な理由ばかりではない。

翌日は早朝から豪雨である。砲撃は休止した。ペリオは記す。

英国公使館では〔マクドナルド〕閣下ご本人までが、イギリス軍の電気光線を見たと言い張っているらしい。閣下はそのことを一日中ピションに主張し続けたという。ロシアの将校も本気にしていたとのこと。しかし少なくとも今夜は、南の方角に稲光がさしていたほかに、それらしいものは見えなかった。きっと大気現象が閣下に幻覚をいだかせたのだろう。だいいち、閣下はイギリス軍の最新式光線の本物など見たことはあるまい。

期待と失望のはざま

午後には砲撃が再開された。アメリカ公使館でも死傷者が出た。

真夜中になって、フランス海軍のラブルース艦長が電気光線を見たと言い出した。東南と西南から発せられたというのである。日本兵も何人か見たという。

服部宇之吉が『北京籠城日記』のなかで伝えている。「夜半白色の火箭東南に見えたりとては、此度こそは正しく京に近づきしゆえその信号ならむと云ひなどして、日として之を待たぬ日は無かりしに遂に来らざりき」と。

救援軍が天津からどの経路で来るかはわからない。しかし直進するならば東南から来ることはまちがいない。公使館区の人々はその方角に見えたり聞こえたりするものに、ことのほか敏感になっていたのである。

それにしても待てど暮らせど救援軍は到着しない。指揮官のシーモア提督を、誰いうともなくシーノーモア提督と呼ぶようになった。もう会えない（See no more）提督。

シーモア提督

救援軍、鳩をはなつ？

守田大尉は日記のなかで、この種の希望的観測の数々を記している。「籠城ノ苦ヲ慰ムル為ニ色々ノ話ガ起ル」のだという。

ドイツ公使館員が一羽の鳩を見た。尾っぽに筒が結びつけてあった。救援軍の伝書鳩にまちがいない。昨夜も北京城の東南で大砲の音が鳴り響いていた。救援軍の到着も間近である。……鳩が飛んでいるのを見たり、遠くに大砲の音を聞いたりすることはある。だから作り話ではないにしても、それがありもしない事実と結びついてしまう。しかもたやすく信じられてしまうのだ。守田大尉はその実例をいくつも紹介している。近くで救援軍の旗がひるがえっているのを見たとか、西太后がロシア公使に密使を遣わして列強への仲裁を依頼したとか。

こういった判断力の麻痺は、ペリオのような頭脳明晰な人間でさえのがれられなかった。日付はもどるが六月二十九日にこう記している。

柴中佐は今日は救援軍の到着にそなえて待機していると明言した。今日か明日には日本兵五千人と欧米兵士二千人が到着するという連絡を受けとったという。私たちのもとには届いていないが。

柴中佐はそのように「明言した」とペリオは記した。言葉尻をとらえるつもりはないが、半月後にはすっかり書きようが変わっている。七日十四日の記事に言う。

救援軍から発せられた連絡を日本公使館が受けとったという噂が流れている。私はじかに柴中佐にたずねてみた。それはまったくのデマだとわかった。

根拠薄弱なことを書いたなどと言うつもりもない。こうした状況のなかに置かれたものでなければ想像もつかない混乱があったにちがいない。

籠城者の夢想談

守田大尉は日記をつけるとき軍人の立場に徹し、戦闘の記述に委細をつくしている。感想はいつもひかえめだが、そこには現場の人ならではの観察がある。

大尉によれば、こうした話には根拠があるわけではない。籠城のなぐさめに誰かが言い出した。それがよそへ伝わり広まっていくうちに、いつのまにか事実談のごとくになっている。実際に見たり聞いたりしたように語られていく。

あとになってみれば取るに足らない話である。それでも籠城が何十日もつづき、来る日も来る日も戦闘にあけくれていると、いつ自分に戦死の順番がまわってくるかと思わぬ日はない。覚悟はできている。それでも万が一にも救援軍が間にあってくれるなら、死すべき命を拾うことができるかもしれない。「死ヲ待ツ事ト救援軍ヲ待ツ事ト二ツノ外ナカリシ」われらではないか。

そうした状況のなかにいればこそ、救援軍もすぐそこだと誰かが言えば、たとえでたらめでも信じて喜びが顔にあふれる。まだまだ来ないだろうと誰かが言えば、たとえ事実でもいろいろ理由をつけて否定する。でたらめだと言って信じようとしない。はては罵詈雑言まであびせる始末である。外部の状況を伝えるものは結局どれもあてにならない。「一モ真実ノモノナク、唯ダ籠城者ノ夢想談、自作談ノミナリ」

あげくのはては開きなおり

七月四日の未明である。今度はフランス公使館のマティニョン医師が紫禁城の方角から、つまり北からの光線を見たと言い出した。北京ホテルの支配人シャモーは、紫禁城の探照灯にちがいないと反論した。

マクドナルド公使がイギリス最新鋭の電気光線について主張してからすでに数日たっている。もしも救援軍から発せられたものなら、とっくにここへ到着しているはずではないか。もはや新型兵器のお出ましとは誰も信じなくなっている。

希望的観測が雲散霧消したわけではない。それでもさすがに次の日になると、この光線騒動について口にする者はいなくなった。

午後二時、フランス公使館の食堂が砲撃された。かなり近い位置から七十ミリ砲をぶちこまれたらしい。天井が崩れ落ちた。砲筒を掃除するブラシの切れ端まで飛んできたとペリオは記している。やがてその日も暮れようとした。つづいて記す。

破壊された食堂の扉はあけはなってある。フォン・ベロウ氏が客間《サロン》で歌を披露した。ワインの大樽がふるまわれた。マットレスが床に散乱しており、窓ガラスは砲撃で粉々になっている。

もうやけくそという気がする。フォン・ベロウはドイツ公使館の一等書記官である。ガラスが散って足の踏み場もないような大広間で、ワイン片手にドイツ・リートを高らかにひびかせたのだろうか。たいした神経の人々ではある。

すべては清国兵が

七月九日、清国人の間諜《スパイ》を三人つかまえた。董福祥配下の官兵が前線に放っておいた者どもである。口を割らせたうえで三人とも処刑した。自白からいろいろなことがわかった。

公使館区を包囲しているのはすべて清国の兵隊だったのだ。彼らと衝突したあげく義和団員は町を出ていったという。公使館の放火には清国兵が直接手をくだしたわけではない。雇い入れた間諜にやらせたのである。ペリオは彼らのことを「苦力《クーリー》」とも記している。

別のとき捕らえた間諜どもは、フランス公使館の東側に発破孔をうがっていることを暴露した。これはダルスィー大尉がすでに気づいていた。

救援軍のことも語った。大沽砲台には百隻もの軍艦が停泊しており、増援部隊が上陸したらしい。しかし、清国兵は自分たちの手で秩序を回復できると主張したそうだ。董福祥の軍隊によって救援軍は前進を阻止されているという。

北堂の安否についても語った。壁中が穴だらけになるほど砲撃がくりかえされたが、北堂は破れていないことがわかった。

九日にはまた、教民の一人が公使館区の外から情報を得てきた。これは柴中佐が伝えている。町の北側は平穏無事だという。商売も行なわれている。皇帝と西太后はここから数百メートル隔てただけの宮城に今もいる。救援軍に関しては何の情報も得られない。北堂はなおも持ちこたえているという。籠城以来はじめて得ることができた外部の状況であった。

もうひとつの籠城劇

北堂と通称される西什庫聖堂を守っていたのは、フランス海軍のアンリー中尉と陸戦隊員三十人、イタリア海軍のオリヴィエリ少尉と陸戦隊員十人である。たったこれだけの兵力で、聖堂と司教館、学校と孤児院、作業所と牧舎などが散在する敷地を防衛したのである。武器はわずか四十挺のマリン・ライフル銃と数挺の旧式小銃のみだった。

敷地内には神学生や修道女のほかに三千人もの清国人信者が避難していた。カトリックもプロテスタントもごちゃまぜである。巨大な聖堂にさえあふれかえる人々をかくまっていた。壁の外では同じ信仰をいだく同胞たちが、斬り殺され、焼き殺され、川に投げこまれていた。

真夏の北京である。石造りの建物は人の群れでむせかえっている。北堂を包囲した連中は、放水ポンプを使って建物に石油をまき、火をつけたぼろ切れを投げつけてきた。なかにいる人々は駆けずりまわって梯子を運び、水で濡らした毛布を持ってよじ登らなければならなかった。

何にもまして耐え難いのは飢えだった。備蓄した米はほんのわずかである。樹木の皮や草花の根を煮て食べるしかない。死骸にむらがる野良犬まで捕って

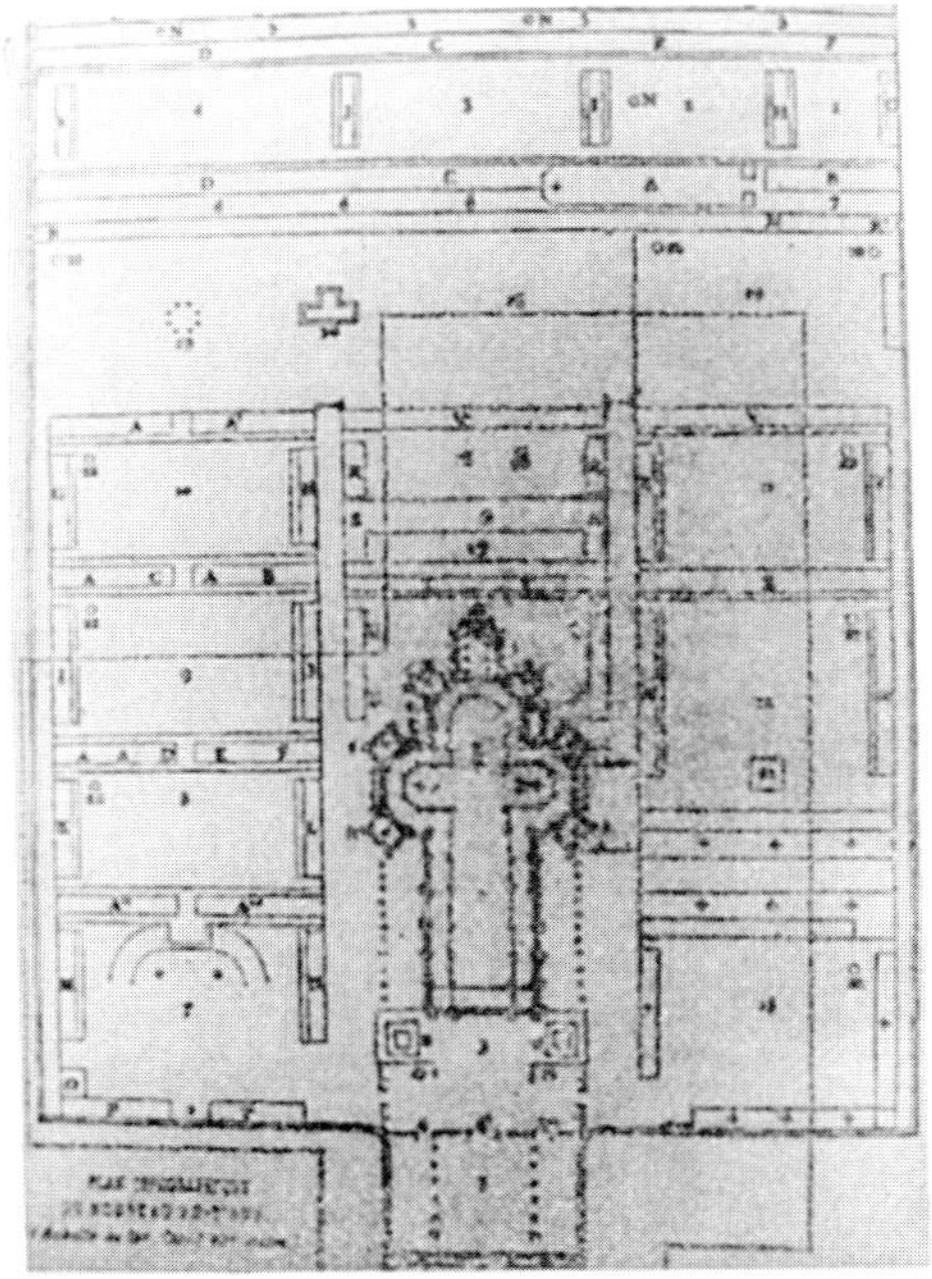
北堂平面図

食べた。おなかがすいて泣いている子どもたちは、次第に声も出なくなっていく。日ごと何人かは埋葬されていた。

公使館区はそれでも外部との接触が得られなかったわけではない。ひそかに食糧を売りに来る官兵もいた。ここ北堂ではまったく外部と遮断されたまま、二カ月も孤立無援でいたのである。

難攻不落の物語

北堂の守りがきわめて強固であったことは義和団員の語りぐさにもなっている。

彼らが口伝えに伝えていった話がいくつもあった。中華人民共和国の成立後に民間文芸の研究者らによって収集され、一九五〇年代の終わりごろから学術誌などに掲載されるようになった。かつての義和団員が健在であったため、直接に聞き取った話も少なくないという。義和団民話としていくつかは邦訳もされている。

そのひとつに、「張《チャン》師兄の西什庫襲撃」というのがある。

光緒二十六年（一九〇〇年）の春ごろ各地に起こった義和団は、教会を襲い洋毛子《ヤンマオツ》を殺害した。たまりにたまった怨みを今こそ晴らそうというのである。刀や槍をとって馳せ参ずる者があとをたたない。

どこから聞きつけたか、洋毛子どもは北京の西什庫教会からの指令で悪事を働いているという。

そこで張師兄の一団はこぞって北京城をめざすことになった。西什庫を攻めて、洋毛子の総本山を落とすのだ。そうして奴らの根っこを断ち切るのだ！

英国公使館前

さて北京にたどりついてみれば、城門は厳重に閉じられている。官兵と洋人だけが出入りを許されている。民衆の往来は禁止されていた。張師兄と役人の談判がはじまる。

「へなちょこ教会なんぞものの数じゃない、おれたちにまかせろ」――そう言って義和団はいきりたっている。ならばやりたいようにやれとばかりに役人は城門をあけた。役人にしてみれば、事の成りゆきを見とどけたうえで次の手を考えればよいのだ。

張師兄の一団は刀をふるって入城し、教会の鉄門をぐるりと取り囲んだ。洋毛子はおどろくべき数の義和団に仰天し、必死で鉄砲を撃ちまくる。義和団員はバタバタなぎ倒される。倒れた仲間を踏みこえ踏みこえ突き進む。日が沈むころになっても鉄門を突破できない。

ふと見れば遠くで紅い提灯《ちょうちん》がゆれている。紅灯照《こうとうしょう》と呼ばれる少女の一団ではないか。籠いっぱいに食べものを入れて持ってきてくれたのだ。巨大な柱をかついできた男たちもいる。どこぞの宮殿から引き倒したものだという。柱には龍の彫りものがほどこしてある。

今度はこれで突撃である。轟音とともに門が開いた。張師兄が先陣きって飛びこんだ。そこへ正面から一斉射撃をくらった。ひるんだところで門はふたたび閉じられる。それから七たび攻めたてたが突破できない。みな傷ついて血だらけになっている。そこへ背後にまわった洋毛子が十字砲火をあびせてきた。義和団は進退きわまった。……

いくらでも維持できる

七月十四日の午後、天津につかわされていた教民が英国公使館にもどってきた。途中で清国の兵隊にとめられ、さんざんな目にあわされた。体中アザだらけだった。

それから栄禄と名のる高官のもとへ連れて行かれ、英国公使への手紙を託された。かならず返事を持ってこいという。どんな返事であっても命は保障すると言われた。ほんとうに栄禄かどうか、それこそ保障の限りではない。

マクドナルド公使はこの手紙のことを夕方まで誰にも話さなかった。あとでわかって非難囂々《ごうごう》である。公使は私信だからと弁解につとめた。

手紙には、戦闘をしかけてきたのは列国公使館の方だと書いてある。戦闘中止をかさねて公使らに要請している。そのうえで総理衙門に避難してくるようすすめている。清国兵が責任をもって安全を確保するという。

公使は自分の名で返事を書いた。最初に発砲したのは清国人である。清国人が戦闘を中止すれば自分たちも中止する。清国の役所にいるより公使館にいる方が安全である。救援軍の到着までいくらでもここで維持できる。もしも清国が謝罪を表明し、寛大な処置を望むならそれもよし。そうしたければ、白旗を立てた使節をよこすべきであると。

マクドナルド英国公使

依然強気である。さすがは大英帝国の公使だけのことはある。義勇兵の体力は消耗しきっている。食糧はあとどのくらいもつだろうか。それでも矜持はうしなわない。「いくらでもここで維持できる」のだ。

さすがにこの一件はどの公使館でも話題になったらしい。籠城記のたぐいにはこぞって書いてある。しかし次のことは、筆者が見ることができた範囲では、ペリオの手帳に出てくるだけである。翌十五日の記事に言う。

――返事はもどってきた教民には託さなかった。捕らえておいた義和団員に持って行かせた。ついでに、公使館区は無事であることを知らせる救援軍への手紙も持たせた。届けてくれたら五千両《テール》を取らせると約束した。――

マクドナルド公使は手紙の最後に一行加えた。英語で書くと、もしも敵の手にわたったとき読まれる恐れがある。ギリシア語ならよもや読まれまい。その一行、ペリオは書きとめた。

――急いで来てくれ。あと一週間が限界だ。――

第五章

単身敵陣乗りこみ

ポール・ペリオ（一九三一年作成）

ペリオ、敵の軍旗を奪う

七月十二日のことである。

ペリオは清国兵とのちょっとした小ぜりあいの末に、「敵」の軍旗を奪い取るという武勲を働いた。ところが、これがとんでもない結末をもたらすことになってしまう。

この日のことは手帳のなかでも格段にくわしく記されている。ペリオ自身の言葉からその経過をたどってみたい。

七月十二日、夜はわりあい静か。遠くで大砲の砲撃音。おそらく北堂へ向けてだろう。朝の七時半、清国兵が石油を染みこませた干し草の束で厨房に放火しようとしたが、すぐに消し止めた。

午前中はとても静かだ。八時ごろ、ヴェルダールが義和団の間諜《スパイ》を一人つかまえて英国公使館に引っぱっていった。

ペリオは北堂の消息をいつも気にとめていた。司教のファヴィエ神父はじめ知人も少なくない。あちらは壮絶な籠城のまっただなかである。ヴェルダールはフランス公使館の通訳見習。

十一時、厨房で朝の仕事を再開。砲撃のもと、鉤竿《かぎざお》で干し草を取りのけた。（中略）
十二時、公使館の地下室の上に築かれたバリケードに火をつける。清国兵がそこに立てた旗が二本、邪魔していた。北東の旗は白地に赤で「李」の文字、南東のは白地に青で「砲」の文字が書いてある。清国兵たちが消火に手こずっているあいだに、二人の陸戦隊員と私とで鉤竿を使ってたぐりよせ、「李」の旗を奪いとった。清国兵が気づいたときもはや手遅れで、罵声をあびせるばかりだった。
午後一時、私は公使とともに英国公使館に出かけていき、この軍旗を進呈した。これは栄禄軍の右陣の軍旗で、巴圖魯《はとろ》と称される地位の高い人のものらしい。

巴圖魯は満洲語で「武勇」を意味する。軍功のあった者に授けられる称号である。英国公使館では今朝つかまえた間諜を尋問していた。ペリオが知りえた内容は以下のとおりである。

栄禄の軍隊は公使館区の東側に陣取り、董福祥の軍隊は城壁を包囲しているという。清国軍は南苑にある輜重庫から荷馬車で軍需品を補給している。軍にはかなり旧式の大砲があるが、大型の大砲が欲しい。しかし、町を破壊してしまうのを嫌って西太后が許可しない。皇帝と西太后はまだ宮城にいる。端郡王と栄禄が清国軍を掌握している。西太后は叛乱にいささかも同情を示さないが、いかんともしがたいそうだ。

軍旗の代償

これだけのことを知っているからには、この間諜は義和団員のはずがない。それにしても、西太后が列国に対して気違いじみた強硬姿勢をとり続けたという一般的な認識は、やはり修正されるべきかもしれない。そんなことがここからもうかがえる。

ペリオの手帳には、間諜がしゃべったことが続いて記されている。まず、欧米人の攻撃によってかなりの清国兵が死傷しており、厭戦気分が濃厚になっていること、清国兵は公使館区に欧米人が数千人はいると思いこんでいること、兵糧攻めにでもするしかないと考えていること、北堂はあいかわらず猛攻撃にさらされながらも、なお持ちこたえていること等々。こうした情報が、この間諜の口を通じて明らかになった。

午後三時にペリオは英国公使館からもどってきた。軍旗を奪われたことで清国兵はすっかりいきりたってしまい、それまでとは打って変わって本当に攻撃をしかけてきた。このときばかりは戦闘というにふさわしく、多くのフランス兵が負傷した。なかでも、ペリオが北京に来てからずっと親しくしていたグランジャンが喉に弾丸を食らってしまった。公使館内に運びこまれたグランジャンは、ペリオに向かってほほえんで見せたが、口中血だらけで、喉がばっくり割れている。このときペリオは、自分のしたことの重大さを思い知らされたのである。

手帳には取り乱した彼の言葉が脈絡もなく埋められている。


どうしたらよかったんだ？　軍旗を奪えたのに、奪わずにおくのか？　どうして敵をいたわってやる必要などあるのか？　それならば、誰も敵を殺したりしまい。やつらは怒り狂っているんだ。


もはや何を言っても手遅れである。

夜になってからグランジャンの気管切開手術が行なわれ、カテーテルが挿入された。翌日、グランジャンは亡くなった。

明けて七月十四日はフランス共和国の革命記念日である。ベルギー公使館やオーストリア公使館の人たちが祝ってくれた。その日の夕方、グランジャンを埋葬した。

ペリオの軽薄な度胸は、なんとしても取り返しのつかない代償をもたらしてしまったのである。

得意げな男

ペリオが敵の軍旗を奪ったことは、誰の目にも椿事と映ったようである。柴中佐も次のように記している。「仏兵も敵塁の一角に突撃して、敵の旗を奪い帰りました。（中略）現に王府内においては、我々の面前に翻っていた敵旗の若干は、移されて仏公使館の焼跡に植《た》てられたるのがありました」

ピションが後年つづった回想録のなかでも、このことに触れている。「その日の午後、フランス公使館の義勇兵ペリオが、中国人から奪い取った軍旗を私たちのところに持ってきた。これは栄禄軍の李という将軍の旗である。これを奪われたことで清国人たちは激怒した。攻撃がにわかに激化し、義勇兵のグランジャンは喉に致命傷を受けた」

ピションによれば、英国公使館の方でも敵の激昂ぶりはすさまじく、館邸の壁は弾丸で穴だらけになったという。

ペリオが奪ったという「李」の文字の旗が写っている写真がある（図7）。得意げに旗をかかげているヒゲづらの人物は、おそらくペリオであろう。

敵陣乗りこみ

革命記念日の三日後の七月十七日、ペリオは今度もまたとんでもない行動に出た。

なんと単身で敵陣へ乗りこんでいったのである。

この日のことは、手帳には朝のできごとが数行記されているだけで、その後は空白になってい

【図７】奪い取った軍旗

る。これ以後、半年ものあいだペリオは手帳にメモを残していない。事件後の分は、もしかしたら紛失したのかも知れないが、少なくとも事件の最中はここで記述が中断している。そのあと何も書いてないページがあるのだから、これはまちがいない。

ペリオ自身の記録がないので、ここはほかの人々の記録からたどってみたい。

フランス公使館防衛隊の指揮官をつとめたダルスィー大尉は、のちに『フランス公使館の防衛』を著した。それがもっともくわしいようである。ダルスィー大尉はペリオとオーストリア海軍大尉ヴィンターハルターとともにいた。次のように言う。

「私たちは、フランス公使官邸、と言っても今やバリケードと化した廃墟のような建物の近くまで来た。清国の兵士たちが残らず塹壕の上に姿を現し、友好の身振りをしてみせた。ペリオは彼らと話しはじめ、差し出された手まで握っている。それから彼はバリケードを飛び越えて、清国軍の野営のなかへ入っていった。ヴィンターハルターと私は大声で呼びとめたが無駄だった」

それからしばらくして、下っぱの兵隊らしいのが公使館までやって来た。あまり態度がでかいので、怒り心頭に発した人もいたが、なぐりつけるわけにもいかない。自分の方から人質になりに行った同胞がいる以上、めったなこともできない。仕方がないので、ダルスィー大尉はペリオにすぐもどるよう紙に書いて、その男に手渡した。

危険なことは何もない?

それからむなしく時間が過ぎた。

粛親王府の焼け跡

二時間ほどたって、別の兵士がペリオの手紙を届けに来た。ペリオの字にまちがいない。栄禄のところでお茶を飲み果物を食べているというのだ。「人々はとても好意的で、危険なことは何もない。一時間くらいでもどれるよう、できる限りのことはしたい」と書いてある。

ずいぶんのんきな話である。度胸がいいのか、ただ楽観的なだけなのか底が知れない。大尉は先ほどと同じことを書いた手紙を手渡し、この兵士を送り返した。つづけて言う。

「ペリオが敵陣に消えてから四時間がたち、いよいよ絶望的と思ったところ、ひょっこり公使館通りから帰ってきた。北京ホテルの門のところに築かれたバリケードのまえで、新しい友人たちと握手しているペリオの姿が見えた。どんなに喜んでみんなは彼の帰還の知らせを受け取ったことか。義勇兵のなかでいちばん若いペリオはみんなから賞賛された。私たちは彼の突拍子もない行動を、若さと勇気という点で大目に見てやった」

それにしても鷹揚な人々である。首と胴体が別々にならずに帰れただけでも僥倖ではないか。賞賛どころの話ではないはずだ。

おしゃべりで命拾い

ペリオが言うには、連れていかれたのは栄禄のもとだったという。清朝の官兵たちは、公使館区に備蓄された弾薬や食糧がどれほどあるのか、ずっといぶかっていた。ペリオはどこまでそれをしゃべったのだろうか。それから栄禄はペリオを公使館区に送り返すよう部下に命じた。義和団員から彼を守るために護衛が数人つけられたという。

以上がその顚末である。結果としてペリオの行動が公使館区にとってプラスに作用したことは格別なかった。自分から進んで捕まりにいって、言わなくてもいいようなこちらの情報をしゃべって来た、というだけのようだ。本人はそのおかげで命拾いしたのだが。

意味もなく敵陣へ飛びこんでいった無謀な男がいたことは、これも人々から奇異の目で見られたらしい。服部宇之吉も記している。「此日、法国人一名其公使館前なる胸壁を越えて支那兵の群に入り、談話を為し居りし内、支那兵強いてこれを誘い、総理衙門に送りしよしにて人皆其安否を気遣ひしに、夕刻無事帰来せり。此挙動は支那人に在りては寧ろ意外なりき」

連合国軍の北京城包囲

こんな挙動は支那人どころか誰の目にも意外である。ペリオは自分が招いてしまった大失態に対し、いよいよどうしていいかわからなくなり、なかば自暴自棄と、それから中国語に対する自信過剰とがないまぜになって、こんな行動に出てしまったのかもしれない。もう少し贔屓《ひいき》目《め》に見れば、自分のしたことに対して自分なりの仕方でけりをつけようとしたとも言える。さいわいにしてその抜群の語学力が彼自身を救ったというわけである。

休戦状態のはじまり

この日、七月十七日は公使館籠城にとってもひとつの画期であった。

西徳二郎公使がのちに外務大臣に提出した報告書「北京籠城戦況一班」には、この日から

「事実上ノ休戦」と記されている。ペリオが敵陣に乗りこんだ当日は、早朝に一部で銃撃があったものの、十時以降はまったく沈静化していた。それ以降はたえて銃声も聞こえなくなる。土嚢の積みあげはなおも続行したが、戦闘はこれからしばらくなかった。清国兵のなかには義勇兵相手に野菜や鶏卵の商売をはじめる者がおり、そのうちにはこっそり弾薬まで売りにくるようになった。二十日には西太后からの慰問だといって、列国公使館に西瓜《すいか》が届けられた。

守田大尉の日記には、二十五日「停戦ノ形ナリシモ時々互ニ発射シ合ヒ居ルハ以前ノ通リ。工事ヲ連続セリ」とある。北京は記録的な猛暑がつづいていた。突然の雷雨で空がまっくらになる。清国人は恐怖のあまり銃をぶっぱなつ。「殆ド七、八百発ハ射発シタリ」という。

八月になると、日本公使館の食糧は麦や粟をあわせても一週間分しかなくなった。食糧係は石井菊次郎である。英国公使館に出向いて麦粉の分配を受けてきた。英国公使が「あと一週間が限界」と記してから、すでに二週間が過ぎている。

北京進攻をさまたげられていったん引き返した八カ国連合軍も、ようやく体勢を整えて再起をはかった。すでに七月十四日には天津攻撃を開始し、翌日これを陥落させている。増援部隊が到着した八月四日、連合軍は一万六千の兵力をもって天津を出発。各地で清国軍を撃破しつつ、十二日は北京の一歩手前の通州に達した。ここで各国司令官が集まって北京攻略を協議し、十四日の朝から総攻撃を開始することになった。

連合軍が北京に迫りつつあることを知った清国軍は、今さらながら公使館区への攻撃を強めてくる。十三日にいたると戦闘もいよいよ激烈になり、ほとんど開戦当初のごとくになった。

連合国軍の北京入城

戦いのあとで

待ちに待った救援軍が北京に到着したのは八月十四日の午後である。救援要請からなんと二カ月半もかかってしまった。

連合軍が北京に突入するや、皇帝一族は西安へ向けて逃亡した。西太后にとってはアロー戦争後の英仏連合軍による北京侵攻につづく二度目の都落ちである。

九月になると清朝は一転して義和団の鎮圧命令を出した。意を体した軍閥の袁世凱《えんせいがい》は直隷から山東省の全域で容赦ない弾圧を行ない、列国の歓心を買おうとした。義和団事件の幕引きとなる講和条約の締結は翌年のことになる。これは最後の章でふれたい。

ドイツ皇帝が列国に工作して総司令官としたヴァルダーゼー元帥は、北京陥落から六週間もおくれて十月なかばに到着した。しかも二万四千ものドイツ兵を率いてきた。ただちに紫禁城に入って西太后の居室に陣取り、司令部を頤和園儀鸞殿《いわえんぎらんでん》にある西太后の執務室に置いた。のちに居室から出火させ、機密書類の多くがこれによって焼失したとされる。

フランス公使館の義勇兵たちの写真がある（図8）。後列左から二番目、テンガロン・ハットをかぶっているのがペリオである。ここにはもうグランジャンの姿はない。

前列中央に写っている白い髭の老人は、南堂の主任司祭であったアッドジオ神父である。六月十三日、義勇兵たちが南堂の神父や修道女たちの救出に行ったとき、これを拒んで最後まで聖堂にとどまろうとした。なんとか説得して公使館に避難させた。その翌朝、ミサにおもむいた信者たちは義和団員に虐殺され、聖堂も焼失した。

この写真はおそらくフランス公使館が解放された翌朝に撮影されたものであろう。その日の夕方、アッドジオ神父はロバに乗ってひとりで町へ出て行き、そこで殺害されたのである。

【図８】フランス公使館の義勇兵たち

北堂救出の諸相

公使館区が解放された二日後の十六日、ファヴィエ神父が朝のミサを終えたときである。南から一斉射撃の音が聞こえてきた。大軍が近づいてくるのがわかった。清国軍か、それとも欧米軍か。攻撃なのか救援なのか。確信が得られない。そこで神父は聖堂のおもてにフランス国旗をかかげた。これに気づいたひとりの兵士が近づいてきた。日本人将校であった。

彼は南側から突撃することを告げて軍隊にもどっていった。そこへ別の軍隊が大砲を引いてやって来た。今度はフランス兵にまちがいない。彼らは聖堂の正面に陣取り、敵の銃撃をものともせずにこれを撃破した。こうして北堂は解放されたのである。

この経過は神父自身の証言によって知られる。神父も籠城中に日記をつけていた。一九二〇年に北京のヴィンセンシオ宣教会によって事件の記録がまとめられたとき、そこに収録された。

北堂の解放については、これとは異なる伝聞もある。プロテスタントの宣教師で英国公使館に籠城したローランド・アレンによれば、北堂は日本軍によって解放された。フランス軍が到着したのは、包囲が完全に解かれたあとだったという。

同じことを服部宇之吉も「北京籠城回顧録」に記している。これは大正十五年（一九二六）に『北京籠城日記』再刊のおりに加えられた文章である。事件後にドイツに留学したとき、籠城をともにしたオーストリア公使代理ロストホルンにライプツィヒで再会し、この事実を知ったという。

解放された北堂

さていずれが事実に近いのか。語り手の愛国心や敵愾心が、日仏両軍の到着時間まで案配させているように思える。心情に左右されたこうした証言のずれが、事件の真相を捉えにくくしているのではなかろうか。

何度でも建て直そう

北堂で孤軍奮闘し三千人もの教民を守りぬいたアンリー中尉は、解放の二週間前に戦死した。オリヴィエリ少尉も重傷を負った。教民にも犠牲者は少なくなかった。百人以上のもの孤児が餓死した。救援軍が駆けつけたとき、食糧は最後の一食分しか残っていなかった。ファヴィエ神父は記した。「神さまは私たちの米粒まで数えておいででした」

北堂には二十世紀のマザー・テレサのような修道女がいた。ヴィンセンシオ愛徳姉妹会のエレーヌ・

ファヴィエ神父

ド・ジョリアスである。二十歳で修道女になるための終生誓願を立てたのち、中国へ派遣された。貧しい人々、見捨てられた人々への奉仕がこの会の使命である。太平天国の乱のとき負傷兵の看護にあたり、それから上海の病院でずっと働いてきた。北京の愛徳姉妹会の管区長になり、七十五歳の高齢で北堂に立てこもるうちに衰弱していった。解放の三日後、多くの中国人信者に看取られて天に召された。

事件から二カ月がたち、ようやくもとの静けさが訪れた。

ファヴィエ神父は旅行鞄の用意をはじめていた。十年以上も帰っていないヨーロッパに出発するという。ローマ教皇のもとを訪れ、フランスにも帰国する。寄付金集めにかけまわる予定である。

四十年にわたる神父の事業は無に帰した。数えきれないほど多くのカトリック信者が殺害された。教会も学校も病院も破壊しつくされた。それでも神父はすべてをやり直そうとしている。

「あの人たちが倒した教会を、もっと大きく、もっと高く建て直しましょう。あの人たちはまた教会を倒すかもしれません。いいでしょう。そのときはまたもう一度建て直すまでです」

フランス翰林学士の追想

小説『お菊さん』で知られるピエール・ロチは、海軍軍人として事件直後の清国を訪れている。一九〇〇年六月に事件勃発の知らせを受け、フランス極東派遣艦隊にしたがって、八月二日にシェルブール港を出航した。ロチはこのとき五十歳の海軍中佐である。これより早く、海外遠征の経験をもとに旅行記『秋の日本』や『お菊さん』を発表し、アカデミー・フランセーズの会員になっていた。このたびの北京遠征でも、翰林学士《アカデミシアン》の肩書きで、李鴻章から接待を受けている。翌々年の四月に帰国するまで日記を書きつづけ、それをもとに旅行記『北京最後の日々』と『アンコール巡礼』が生まれた。

十月三日、海軍兵士たちは渤海《ぼっかい》湾の奥深くにある寧海《ねいかい》に上陸した。事件の余波で農民の流亡がつづいている。ヴァルダーゼー元帥は北京だけでなく、直隷にまでドイツ軍を駐屯させていた。危害は加えないと言明してある。それでも農民たちは、わずかばかりの持ち物さえかなぐり捨てて逃げていく。いとけない子どもが小さな枕ひとつをかかえている。

おそろしく年老いた老婆が、両足で立つこともできないのに、ふたりの少年に助けられながら歩いていた。ドイツ兵が哨所にした家から追い出されたのだ。曾孫《ひまご》だろうか。ふたりは敬意とやさしさをこめたまなざしで老婆を見つめている。ともに落ちのびていこうとしている。

老婆はもう誰にも何も期待していない。いならぶ兵士たちの方を振り向きもせず、かたわらを通り過ぎていく。老婆のうしろでは、兵士たちが笑いながら家族の粗末な肖像画を外に放りだしている。

胸がつぶれる思いでロチはこのようすを見つめていた。秋の朝の光が、手入れの行き届いた小さな庭にふりそそいでいる。百日草が咲き乱れている。

それからロチの一行は、万里の長城が海で終わる山海関《さんかいかん》に向かった。あたり一帯は連合軍によって統治され、長城の上には各国の国旗がはためいている。彼は記す。

「何世紀ものあいだ北方からの侵入者を防いできたこの伝統ある壁に、もう皇帝の龍の旗がひるがえることはないだろう。時代はめぐり、すべては過ぎ去り、終わりを告げたのだ」

第六章

前近代か、汎時代的か

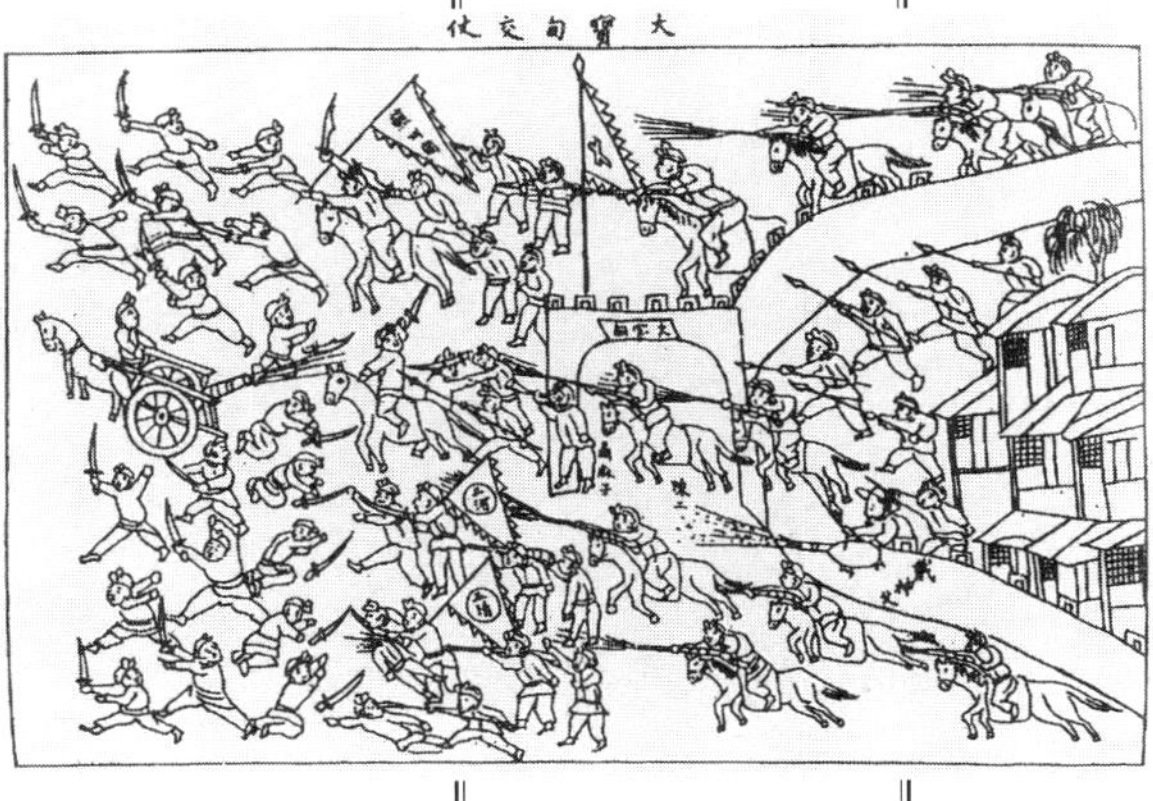

義和団対教民図（清国教民作成）

子どもを陣頭に

ここまでペリオの手帳をもとに義和団事件の経過をたどってみた。次にいくつかの話題を取りあげてみたい。本章では義和団そのものの性格について、次の章では事件の背後に影を落としている西太后像についてあらためて考えてみる。最後の章ではその後のペリオの活動について、敦煌写本の発見と義和団事件とが交錯する新たな事実などもまじえてたどる予定である。

さて、いかにも中国の前近代性を象徴するようなこの義和団という集団。はたして「前近代」の遺物なのか。そうしたくくりからはみだす要素はどこにもないのだろうか。

北京南堂（1900年以前）

まずは六月十五日に時計の針をもどそう。カトリック南堂に立てこもった教民を保護するため、フランス公使館から救出部隊が派遣された。ペリオはその前々日、ピション公使の命令を無視して南堂まで偵察に出かけている。それにしてもこの若造は戦闘をなんだと思っているのか。この日は責任上、ペリオも同行させられた。

宣武門に陣取った兵士が、私たちに向けてカルヴァリン砲の照準をあわせた。清朝の高官らしき人がそれを阻止した。略奪者どもは南堂から逃走した。私たちは奴らに発砲したが、〔撃たれた〕なかに教民も混じっていた。そこへ突如、義和団員が群れをなして現れた。仰々しいそぶりで、子どもを先頭に、恐れも知らず私たちの方へ向かってきた。三度目の砲撃で奴らはやっと退却した。教民が幾人か助け出された。アメリカ兵とロシア兵がとって返して義和団員を殺傷し、二百人あまりの教民を救出した。

義和団員は銃撃にもひるまない。刀も槍もなんのそのという刀槍不入の信念があるからである。しかも、あろうことか子どもを陣頭にかつぎだしている。いったいどんな連中なのだろう。

白蓮教から義和団へ

義和団の起源については、おおまかに分ければこれを白蓮教に求める説と団練に求める説のふたつがある。白蓮教は民間の宗教結社である。弥勒菩薩《みろくぼさつ》の到来をとなえ、明清時代にしばしば反乱をくりかえした。かたや団練は民間の自衛集団である。清朝の正規軍とは別に地方官が土地の人々に軍事訓練をほどこして組織した。この二説は宗教起源説と世俗起源説と言いかえてもよかろう。

筆者はどちらかに軍配をあげるだけの材料を持ちあわせていない。ただ、宗教史に関心をいだくところから、前者の宗教起源説に沿って考えてみたい気がする。

その理由のひとつは、義和団の運動が近代中国の民衆運動のなかでもぬきんでて迷妄な非合理性を示している、と目に映る点にある。この世ならぬものへ人が心を寄せていく場面では、ときに世間の常識を逸脱した価値に支えられ、狂気につながることさえあるだろう。

義和団の性格を考えるとき、抵抗組織としての異常なまでの求心性はもとよりのこと、どんな武器にも傷つかないという刀槍不入の狂信をどう見たらよいのかが問題になる。いかほど下っ腹を鍛えたところで鉛の弾をはじき返せるわけがない。そこに武術などとはまったく異なる原理が混在していることが予想される。それは呪術につながる宗教性にほかならない。これなしに義和団運動の本質を捉えることはむずかしいのではないかと思う。

ここで注目したいのは、刀槍不入の根本にある身体鍛錬の思想であり、そこに憑依《ひょうい》するという神々についてである。

まず身体鍛錬に関しては、最新の史料と実地調査をもとに事件を再検討した佐藤公彦氏の見解がある。そこでは義和団のもとになった義和拳、さらにそのもとにある神拳の形成にとって、白蓮教の関与こそが不可欠で本質的な要素と見なされている。そのうえで武術による身体の極端なまでの鍛錬について、これを道教の身体論である内丹《ないたん》思想との関係において捉えなければならないという。さてその内丹とは何か。

不老不死という願望

内丹とは不老不死をめざす修行法のひとつである。

これはもとをただせば西洋の錬金術ともつながっている。西洋だけではない。およそ古代文明のさかえたところで錬金術の起こらなかったところはない、と言っても言い過ぎではない。中国も例外ではなかった。内丹は錬金術の中国的展開と考えられる。それがどうして義和団に結びついていくのか。少し回り道になるが、大もとのところからたどってみたい。

そもそも錬金術とは何か。

卑金属を貴金属に変えることだと、ものの本には書いてある。鉄くずを煮たり焼いたりして黄金に変えようというのである。それだけではない。不老不死の万能薬を作り出すことだとも書いてある。老いもせず死にもしない身体を獲得したいわけである。

ではなぜ黄金作りと不老不死とが結びつくのか。

鉄は放っておけば錆びる。銅は表面がくもってくる。しかし金は変化しない。

私たちの体はもちろん変化する。成長し老化し、やがて死をむかえる。それならば、変化しない金を体に取りこむことによって、変化しない体、死なない体を実現させることはできないものか。

金を服用するだけならたやすいことだが、人間の内臓は金を消化吸収しない。それをなんとか摂取可能にしようとした人が古来世界中にいた。彼らはさまざまな物質に金を融合させて服用し、体に吸収させようと試みた。西洋では固体にしたものを「賢者の石」と呼び、液体を「霊薬《エリクシール》」と呼んでいる。

錬金術によって金を獲得するといっても、億万長者になろうというのではない。獲得した金によって不老不死の身体を得ること。それが錬金術の目的である。

もとは火を用いて金属を加工することからはじまった。冶金《やきん》をなりわいとする人々は、火を扱うがゆえに特殊な技術をもった集団と見なされた。それは特殊であるがゆえに師から弟子へと秘密裡に伝授される。そんなひそやかな行為の過程で、金属変成や不老不死といった神秘の文字が加えられていく。

こりない皇帝たち

中国では黄金作りはもっぱら水銀アマルガム法によって行なわれた。これは水銀を鉱石と接触させて合金を作り、これを蒸留して純度の高い金属を抽出する方法である。とりわけ金の精錬に古くから用いられてきた。おもな原料として丹砂《たんさ》すなわち硫化水銀が用いられたので、一般に金丹道《きんたんどう》と呼ばれている。

こうして獲得された金丹を服用することによって不老不死の肉体をもつ神仙になろうとしたのである。摂取方法もさまざまに考え出された。ひとつはくだいて「散《さん》」にして服用する方法である。

散とは粉薬のこと。龍角散の散である。

いくら粉にしたところで硫化水銀が原料である。これをむやみやたらな金属と混ぜるのだから、とんでもない劇薬ができることもめずらしくない。そんな薬を飲みつづけた皇帝が何人もいたという。たいてい中毒死している。

これでは命がいくつあっても足りない。不老不死どころのさわぎではない。そこで昔の中国人は無理やり金を服用するのはやめにして、もっと奇抜なことを考えた。人体そのものを炉に見立て、体内に金丹を錬成しようとしたのである。

水銀の精錬（『天工開物』）

そのためには気を体内にめぐらすことが必要とされた。人体の各部に宿っているという神さまにもお出ましを願わねばならない。ここまで来れば宗教の手助けなしには不可能となるだろう。錬金術はいよいよ道教と離れがたくなった。

もはや実験科学との接点はなくなってしまう。しかし一面では、薬つ

体内神存思（『上清大洞真経』）

まり漢方薬の開発はさかんになり、道教思想を基礎にした東洋医学のおどろくべき進歩をうながすことになる。

金丹を錬成する場所は臍《へそ》の下三寸のところに定められた。臍下丹田《せいかたんでん》という。体内に気をめぐらせ、瞑想（これを存思《そんし》と呼ぶ）によって丹田に精神を集中する。そうして人体中で金属製造を行なうのである。そのあげく身体までもが金剛石のごとく堅固になる。……なんとも飛躍しているが、少なくとも観念（妄想？）のなかでは不死身の体が実現しているわけである。矢でも鉄砲でもなんでもござれとなる。こうして内丹は武術とも結びついていく。

ペリオの白蓮教研究

ペリオは義和団事件の三年後の一九〇三年に、極東研究院の紀要に「白蓮教と白雲宗《はくうんしゅう》」という論文を発表した。青年時代の業績である。

そこでは白蓮教の起源が十二世紀の南宋の念仏教団にまでさかのぼって論じられる。もとは仏教を基盤にした宗教結社であったが、そこに道教信仰のさまざまな要素が取りいれられていく。その経過を文献の記述をもとに明らかにした研究である。

論文のなかで義和団には言及がない。この論文にないだけではない。その後のペリオの浩瀚な研究業績のなかで義和団やその周辺に触れたものはほとんどない。もちろんすべてに目を通すことはとてもできないので、読むことができた限りだが、一九〇七年に『インドシナ雑誌』に掲載された時事報告をのぞいては他に見つけられなかった。この沈黙はなぜだろうか。あれほど綿密だった彼の手帳が、敵陣乗りこみの日から中断したこととあわせて考えるとき、若いペリオが受けた傷の大きさは想像するにあまりある。

それはとにかく、白蓮教と道教とのつながりに注目したのはペリオの慧眼だと思う。今でこそ白蓮教の実態やその源流について多くのことが明らかにされているが、この論文が書かれた時点では欧米でも日本でも本格的な研究はまだはじまっていない。オランダのデ・ホロートによる先駆的な研究書『中国の宗教結社とその迫害』の第一巻が出版されたのは同じ年のことだった（ちなみに、デ・ホロートの場合は第一巻の序文に述べているとおり、義和団事件の勃発が研究のひとつのきっかけだったという）。

道教とのつながりについては、同じことが白蓮教起源とされる義和団にも言えるのではないか。

刀槍不入の幻想

十九世紀も終わろうとするころ、山東にはびこっていた武術集団の大刀会が神拳と名を替えて活動をはじめた。これがその後の義和拳の活動に直接つながっていく。神拳を奉じる人々は祭壇のまえで神々に焼香叩頭《こうとう》し、神々の霊が降神附体《こうしんふたい》すべく請願した。神霊が附体した者を馬子《マーツ》と呼んで、刀槍不入の身になると信じたのである。

ここでは瞑想による精神集中という内丹にとって不可欠であるはずの修行の過程はあっさり放棄されている。そもそも精神の鍛錬という前提がなければ不死身の身体はありえないはずだが、それは知識人のすることである。庶民にそんなひまはない。そこで一足飛びにここへいたる道が考え出された。それが降神附体すなわち神々の憑依であった。

神々がのりうつる馬子は、いわば霊媒《シャーマン》である。華北の民俗世界において連綿と流れつづけた伝統である。江南の童乩《タンキー》に相当するだろう。

神拳が奉じた神は、関羽、張飛、孫悟空、魯智深《ろちしん》、哪吒《なた》、楊戩《ようせん》等々。いずれも『三国志演義』『西遊記』『水滸伝』『封神《ほうしん》演義』などに登場する英雄たちである。

孫悟空の憑依

サルの孫悟空が神となって人に憑依する!

封神演義図（景徳鎮缸）

中国の一部や台湾では孫悟空は廟《びょう》にまつられている。その称号は斉天大聖《せいてんたいせい》という。

もちろん孫悟空は明代の小説のなかで造形されたのだから、もともとその信仰があったわけではない。しかし小説そのものは講談や芝居に仕組まれて広まっていった。その知名度は仏教や道教の神々よりもはるかに高かった。そのたぐいまれな神通力と縦横無尽の活躍が人々に強く印象づけられ、明末から清初にかけて爆発的に人気が高まり、斉天大聖廟の建立にまで発展した。ひとたび廟にまつられるや、その霊威は絶大であると信じられたのである。

こうして孫悟空の信仰が生まれ、斉天大聖は廟にまします神となった。『封神演義』の通天教主《つうてんきょうしゅ》など小説のなかの神格が後世にまつられた場合もある。『西遊記』や『封神演義』が民間信仰にあ

黄巾討伐（『全相三国志平話』）

たえた影響の大きさは、仏教や道教のどんな経典をもしのいでいる。

文字に暗い庶民が神々や英雄について親しむのは、圧倒的に芝居によるところが大きかったろう。文字によるよりもよほど具体的である。イメージも共有されやすい。役者の演技にすっかり興奮して自分を登場人物に重ね合わせることは私たちにも想像がつく。

そうした神々の頂点に君臨するのは元始天尊《げんしてんそん》である。これは道教の神統譜にもとづいているが、庶民にとってはやはり『封神演義』がよりどころかもしれない。

山東という土地柄

義和団事件の震源地である山東は『水滸伝』のおもな舞台であった。昔から非合法組織が沸いて出るような土壌である。清代中期までこの地方には白蓮教が流行し、政府の弾圧に対して果敢に戦ってきた歴史をもっている。清末にもさまざまな結社が乱立していた。

三国志の幕あけとなった太平道《たいへいどう》の乱は黄河流域ではじまった。なかでも最強をほこった青州黄《せいしゅうこう》巾軍《きんぐん》は山東から出ている。

その山東も清末には惨憺たる状況のなかにあった。北の威海衛をイギリスに、南の膠州湾をドイツに抑えられている。租借条項には後背地の鉄道敷設権や鉱山採掘権が付随しており、鉄道や鉱山につらなって広大な土地の収用が行なわれた。有無を言わさず力づくである。水路が破壊されることも多かった。

洪水や干魃も多発した。これは天災にはちがいないが、じつは人災と言えなくもない。治水工事がなおざりにされ決壊した堤防は放置されたままである。黄河の下流が水びたしなのに、そのまわりは日照りつづきだったりもした。

外夷がもたらす災難や自然災害に苦しめられ、あげくの果ては匪賊《ひぞく》へまっしぐらである。

脅威の向かう先

外夷による災難のなかには蒸気船と鉄道の導入もあった。

首都北京は江南の米作地帯と大運河でつながっている。そこの漕運で生計をたてていた水夫たちは職をうしなった。あふれかえった失業者が匪賊の群れに投じていく。山東の境域はたちまち私塩

（専売の塩の密売）や私煙（阿片密売）の巣窟となり、盗賊の横行する無法地帯となった。

鉄道線路の敷設は先祖の墓のある土地をけがした。この国の民にとってきわめて大きな汚辱であったろう。そびえ立つ教会の尖塔は、天地にやどる魂魄《こんぱく》を怒らせると信じられた。

宣教師たちは教民に対して先祖を崇拝することを禁じた。また祭礼に対する金銭の供出まで禁じた。これがために教民は村の秩序から離れていき、結果として他の村人の負担を増加させることになる。日々の暮らしのなかで唯一の娯楽であった村の祭りが立ち行かなくなることさえあった。

このことは清朝末期のキリスト教布教にかぎった問題ではない。先祖崇拝と祭礼参加への拒絶は、およそ東アジアの社会に新しい宗教が浸透していくときに生じる軋轢の最たるものであろう。これは古代から現代にいたるまで変わりがない。

多発する軋轢と葛藤

十九世紀の清国におけるキリスト教の布教活動は、アロー戦争後の天津条約で、内地布教権が認められたことから本格化した。西洋人の宣教師たちは医療や教育といった文明の果実をたずさえて社会のなかに入りこみ、次第に多くの信者を獲得していった。

キリスト教が公認されると次は北京条約を楯に、宣教師たちはかつての禁教以前に教会が所有していた土地財産の返還を要求した。彼らは教民がかかえていた訴訟に介入し、有利な判決になるように地方官に働きかけた。それでもらちがあかないときは公使館に問題を持ちこんで外交ルートを通じて圧力をかけた。村人のあいだで訴訟が起きたときなど、裁判に勝ちたいがために先を争って洗礼を受けようとする者まで現れる。こういうごろつきは教民ではなく「草民」と呼ばれた。

しかもこうした外交特権を利用した信者への支援は、中国の官僚機構にくらべてはるかに迅速に行なわれたのである。あたかも中国には清朝の統治機構とキリスト教会という二重の権力が存在するかのようだった。宣教師は列強侵略の手先と見なされた。教民は教会の権威をかさに横暴を働く

教会の焼き討ち

不逞の輩として、自国の民から強い反発を買った。しかし事実はなかなか複雑である。

義和団の源流とされる白蓮教徒の末裔に、かえって教会の信者となる者が少なくなかった。白蓮教は異端として政府の弾圧を受けつづけ、清朝末期にはほとんど壊滅状態にあった。こうした抑圧の歴史を生きてきた人々が、官憲の弾圧をのがれるため家や村ぐるみで入信したのである。義和団の発祥地となった山東ではその規模が数千人におよんだという。

もともと社会の下層にいて教会に庇護を求めた人々もいる。それに対する差別意識も加わって、仇教案と呼ばれる反キリスト教事件が続発した。

騒動のかげにインテリあり

仇教案の多くは、教会の孤児院で子どもを殺して血を売っているとか、肝臓を取りだして薬をつくっているなどというデマからはじまった。宣教師と教民に対する怒りは、こうした反教会宣伝によってあおりたてられたのである。ロバート・ハートが喝破したように、これは知識階級のしわざということが考えられる。

よくもこんなデマにおどらされてと思いはするが、あまり人のことは言えない。明治六年（一八七三）に岡山県で小学校建設に反対する農民暴動が起きている。この事件について幕末明治の新聞記者として名高い岸田吟香《きしだぎんこう》が東京日日新聞（毎日新聞の前身）に記事を寄せた。いわく、学校をつくるといって村ごとに児童を集めて目じるしを立てておく。すると「それを目当に唐人が来て集てある村中の子供を一度にしめ殺して生血《イキチ》を絞《シボ》るといふ」云々。唐人は西洋人のこと。村に小学校を作ると称して子どもたちの血をしぼりとるというのである。

引用の文章は、高島俊男氏の著書に出てくる血税騒動の話から拝借した。「血税」という言葉は今でこそ「血をしぼり出すようにして納めた税金」の意で用いられることが多いが、本来は兵役を意味する。高島氏によれば文明開化の時代にフランス語から直訳されたそうである。ところがこの言葉を明治政府が用いたところ、西日本の農村でデマが飛びかった。政府が若い男を集めて血をしぼって西洋人に売るというのだ。ついに暴動へと発展した。新政府のやることはなんでも反対。兵役反対、解放令反対、小学校反対……。右の文章はその一連の運動を伝えたものである。

岸田吟香はのちの論評で、政府のお達しなどありきたりの農民が目にするはずもなかろうから、かならずや彼らをそそのかして騒動をたきつけた奴がいるにちがいないとしている。背後に知識人の扇動家《アジテーター》ありとにらんだのである。これもハートの観察に通じるものがあろう。

インドシナの教訓

義和団発祥の地である山東の巡撫《じゅんぶ》（行政長官）をつとめた李秉衡《りへいこう》は、ヴェトナム支配をめぐる一八八〇年代の清仏戦争で頭角をあらわした人である。彼は諒山《ランソン》の戦いで軍功をたてた。このとき南洋大臣であった左宗棠《さそうとう》は、黒旗軍《こっきぐん》をゲリラ部隊に用いてフランス軍に勝利した。黒旗軍はヴェトナム北部の東京《トンキン》地方と清国の江西省との境を拠点としてひたすら密貿易を行なっていた匪賊である。彼らを戦闘に駆り立てるため、フランス人であれば誰彼かまわず懸賞金をかけた。殺戮などなんのそのという連中である。しかも北京の清朝政府はいつでもその関与を否定できる。外交的報復を受けずにすむ。

このとき左宗棠の配下にいたのが李秉衡である。

李が赴任した山東で大規模な教民襲撃事件が発生した。一八九六年のことである。首謀者は先ほど出てきた大刀会である。白蓮教と似たような儀式を行なう集団だが、白蓮教とちがって清朝に刃向かう気配がまるでない。暴力の矛先はひたすら外国人宣教師と教民に向けられている。李はこれを奇貨とした。

山東巡撫は清仏戦争で黒旗軍とともに戦った経験を思い出した。彼は大刀会の存在を黙認する。こうした集団を取りこんでゲリラ民兵に仕立てあげれば、外国勢力を清国から一掃する道具として使える。外見上は清朝政府とは何の関係もない攘夷運動である。列強の怒りと報復は、全責任をあわれな百姓どもに負わせればよい。

はたして義和団の末期はこのとおりになった。

義和団の名づけ親

翌九七年に山東省でドイツ人宣教師がふたり殺された。その報復として膠州湾が占拠されたこの事件については、第一章でふれた。このとき李秉衡はすでに四川総督に転じていたが、ドイツは李の罷免を要求した。

九九年に李の配下にいた毓賢《いくけん》が代わって山東巡撫に任命された。大刀会が神拳に名を替えたのはこのころである。頭目のひとりは朱紅灯《しゅこうとう》という。真っ赤な装束を身にまとい、人々の病気を治して歩いた。そして「扶清滅洋」をとなえた。清朝を扶《たす》け、洋人どもを滅ぼせというのである。洋人のなかには日本人も含まれている。東洋人《トンヤンレン》と呼ばれた。日清戦争からいくらもたっていなかった。

扶清滅洋旗

朱紅灯はやがて義和拳を称するようになる。この言葉は嘉慶十三年（一八〇八）に出された会党禁止の上諭にすでに見えるから、名称は新しくない。武術と呪術を兼ねそなえた結社である。不義の権化である教会と教民に反対して闘争すべく「義気を和合」する拳徒の謂である。団練に擬装してこれを義和団と呼んだのは、ほかならぬ毓賢だったともいう。

山東には他にも八卦教《はっかきょう》、離卦教《りかきょう》、虎尾鞭《こびべん》、山東老団などさまざまな結社があった。いずれも白蓮教の迷信的な部分を受けついでいた。義和団は山東諸結社の総称だという説もある。

伸縮自在な勅令

この年の大晦日、英国聖公会の宣教師が村民と教民のいざこざの絶えない土地に入りこんで殺害された。そんな危険なところへ護衛もつけずに出かけたことに対して、北京の公使たちの反応は冷ややかだった。それでも清朝に対して連名で強硬な抗議文を突きつけ、関係者の摘発と掃討を要求したのである。

あけて一九〇〇年一月十一日付の『京報』すなわち北京官報に上諭が掲載された。いわく、「これらの事件を処理するにあたっては、悪事を働いたかどうか、争いをはじめたかどうかだけを問題にせよ。いかなる団体に属しているか、信者であるかどうかは問題にすべきではない」と。

ここには至極あたりまえのことしか書いてない。悪いことをした奴は処罰しろというのである。義和団を禁止せよとは書いてない。どこに所属していようと問題ではない。キリスト教の信者であってもさしつかえないのなら、義和団員であってもさしつかえないことになる。

ピション公使はこれを見て、「曖昧模糊として伸縮自在」と評したが、言い得て妙である。アメリカ公使コンガーは、こんな手ぬるい対処でなんの効果があるのかといきまいた。これまたもっともな反応である。

毓賢から袁世凱へ

一八九九年八月に、朱紅灯は反教会闘争を開始し、これを鎮圧しようとした官軍と交戦した。だが、列強の武力侵出に反感をいだく毓賢は取り締まりに消極的だった。山東における義和団の強勢に危機感をつのらせた列強は、清朝に対して毓賢の巡撫解任を求めた。後任には列強の要望どおり袁世凱が任命される。彼は当時の中国でもっとも近代的な新軍（洋式軍隊）をひきいており、これでもって義和団を威圧した。朱紅灯はすでに逮捕されていたが毓賢は処刑しなかった。袁世凱は巡撫になるとすぐにこれを処刑した。

袁世凱の統治下で義和団の活動はにぶった。これと時を同じくして、北の直隷でにわかに義和団が行動を起こしはじめた。山東から直隷に流れこんだのか、もともと直隷にいたのが急に激化したのか議論の分かれるところである。

袁世凱が義和団に対して断固たる姿勢を取ったのは、この排外運動を弾圧して列強に貸しをつくるためだったとも言われている。いずれ勢力拡大の好機が訪れたとき諸外国の援助を得ようというつもりか。

義和団員は百日のあいだ渾功《こんこう》を訓練すれば、銃弾を避けることができると主張した。神拳の降神附体がここでは身体鍛錬に成熟している。袁世凱はそれならばよし、ためしてみようと言い出した。たまげたことに、それを受けようと申し出る者どもがいたのである。毓賢の時代にも同じようなことをこころみている。射撃手がわざと弾をはずしていた。しかし、袁世凱は新軍の射撃兵に一斉射撃を行なわせた。撃たれた団員は当然ながら全員即死である。

陰門には陽門で

公使館区包囲の情勢を奏上した檔案のなかに奇異な一文がある。

公使館の門前にすっぱだかの女が立ちはだかり、守備につとめているという。義和団員もびっくりこいて刀槍不入も身体鍛錬も効かなくなってしまうのだった。

この秘術、人呼んで陰門陣《いんもんじん》という。陰部まるだしの女を陣頭に立てて敵の火砲を沈黙させる。大砲を男根に見立て、陰々たる圧力でそれを萎縮させるのだ。そんなアホなと思われるかもしれないが、史上に例が少なくない。

明末の崇禎《すうてい》十五年（一六四二）、李自成が河南第一の都市汴梁《べんりょう》（開封《かいほう》）を襲ったときのことである。官軍による城壁の守りはすこぶる堅固であった。そこで拉致してきた女たちをはだかにして陰門陣で臨んだところ、城壁の大砲は発火しなくなった。あわてた官軍は坊さんをはだかにして陽門陣で対抗したところ、賊軍の砲火も不発に終わったという。陰を封ずるに陽をもってするところはさすがである。しかもどちらも効果てきめんというのがまたすごい。

相田洋氏によれば、陰門陣の登場は十六世紀にさかのぼるという。このころヨーロッパから仏郎機《フランキ》砲《ほう》が伝わり、さらに巨大な紅衣砲が伝わって、官軍の火砲の威力は圧倒的になった。そのため賊軍の方では、軍事的劣勢をおぎなうために呪法にでもたよらざるを得なくなったのだろう。かくして明末にさかんになり、その後も延々と使われつづけた。太平天国の乱のときも陰門大活躍だったそうだ。これは魯迅が乳母から聞いた話として、『朝花夕拾』に出てくる。

さて、問題は檔案の記事である。かくのごとき高等戦術をわきまえぬ西洋人には、とてもできることではない。どこから出た訛伝なのか。

ペリオの手帳、六月二十一日の記事に言う。

義和団の軍隊が頭上に旗をかかげてオーストリア公使館までいたり、殺戮をはじめた。マネキン二体を使う。英兵と日本兵が発砲。相手はしろうとの中国人だ。

マネキンをかつぎ出し、敵にやりたいだけやらせているところを銃撃したのか。相手はマネキンなど見たこともない人種である。そうとは知らない清国兵が見たら、西洋婦人もいよいよ陰門開陣かと勘違いしても無理はない。弾丸よけの呪法も破られて当然なのだ。

太平天国玉璽

愛国者の国民的決起

義和団はいたって雑駁な集団である。民族意識の旺盛なのもいれば、匪賊と選ぶところのない奴らもいた。

総税務司のロバート・ハートは義和団を愛国者の国民的決起と捉えた。中国に長く滞在した人だけに、民族主義の高まりを実感できたのであろう。「その起源において愛国的であり、その根底的な考え方において正当である」とまで言う。そうは言うけれども、民族主義の運動としてはなんとも拙劣ではないか。破壊活動だけは過激だが、理念などありそうにない。これを五十年前の太平天国とくらべてみれば、その差は歴然としている。

太平天国には『原道覚世訓《げんどうかくせいくん》』に示された哲学があり、天朝田畝制《てんちょうでんぽせい》のような明確な政策があった。洪秀全《こうしゅうぜん》から石達開《せきたつかい》にいたる歴々たる指導者がいた。義和団にはそれに匹敵する人物もいなければ思想も欠如している。

太平天国は徹底した反体制運動である。義和団は体制の庇護を受けた暴動である。いずれも巨大な民衆をまきこんでいったが、一方は十数年にわたって活動を展開したのに対し、もう一方はきわめて短期間で燃え尽きた。

直隷の野を首都に向かって突き進んでいく義和団には狂気が混じっていた。洋人は見つけ次第、殺してしまえ。洋人と結託している同胞は「二毛子《アルマオツ》」といわれて同罪である。どうやって二毛子かどうかを判別したのか。

広場にもうけた祭壇のまえに容疑者をひざまづかせる。祭文を書いた紙が燃やされる。その灰が舞いあがれば嫌疑は晴れる。落ちてしまえば二毛子。たちまち、「殺《シャ》、殺《シャ》」の叫び声のなかで血祭りにあげられた。もはや魔女狩りと変わりがない。

紅い扇をかざす女神

運動の担い手は多くが十代の少年たちであった。宗教反乱において少年少女を旗じるしにするのは、古今東西その例が数知れない。中国でもすでに紀元一世紀の赤眉《せきび》の乱のとき、十五歳の少年を王に奉じている。のちに仏教徒による反乱でも同じことがくりかえされた。義和団も例外ではなかった。突撃部隊の陣頭に子どもをかつぎだしたことは、ペリオも記したとおりである。

紅灯照《こうとうしょう》と呼ばれる少女の一隊もある。リーダーは林黒児《リンヘイアル》といい、大運河の水夫の娘であった。父親が外国人と衝突して捕らえられ、それをずっと怨んでいた。山東に義和団が起こったのを聞いてそのもとへ走り、女たちを傘下に集めた。まるで妃のようなおごそかないでたちで、部下には赤い衣をまとわせた。みずから黄蓮聖母《こうれんせいぼ》の化身と称した。林が天津に向かうと人々は運河の両岸で香をたいてひざまづいたという。

林語堂は英文の小説『北京好日』のなかで次のように語っている。

「紅い衣を身にまとった男の拳民と同じように、女たちも腰に大きな帯をしめていた。それがいかにも威《いか》めしい感じであった。あの女たちが紅灯照と黒灯照だと馭者が教えてくれた。昼は紅く染めた扇を持って歩き、夜は紅い提灯を持って歩くという。紅灯照は若い娘たちで、黒灯照は後家さんたちであった。纏足していないのは舟民から加わった女どもである。頭目は黄蓮聖母と呼ばれ、やはり大運河で働いていた舟民の出であった」

小説のなかで馭者が語っていうには、この女たちのなかにも拳法のできるものはいたが、たいていが心得ていたのは方術であった。紅い扇をふるいながら空に飛びあがることができた。女たちが屋根のてっぺんにいたのを、馭者は見たことがあるという。

ふたりの女神の末期

アカデミー・フランセーズ会員、海軍中佐ピエール・ロチは、渤海湾に上陸したあと北京へ向かって進んでいた。義和団の騒動もようやく落ちついた十月のなかば、天津での出来事である。

古さびた宮殿の奥深く、ふたりの姉妹が幽閉されているという。古都の治安維持をになっている国際警察隊がふたりを「義和団の女神」と呼んでいた。翰林学士《アカデミシアン》は二、三の将校とともに、朽ちかけた中庭に季節はずれの花が咲いているその宮殿を訪れた。薄暗い廊下を幾重にも折れていった先に、黒々とした扉がひかえている。その奥に女神たちはいた。ロチは記す。

「夕日がささないため、薄暗い部屋がたそがれようとしていた。そっくりな顔をした、あわれな姉妹が、ひとりは椅子の上に、もうひとりは添い寝する黒檀の寝台のふちで、ともにくずおれるように頭を垂れ、悲しみに沈みながらすわっていた」

床のあちこちに絹の衣がにぶい光沢を放ちながら散らばっている。戦いの先頭に立ったとき身につけていた装身具も、そこに投げ棄てられたままである。

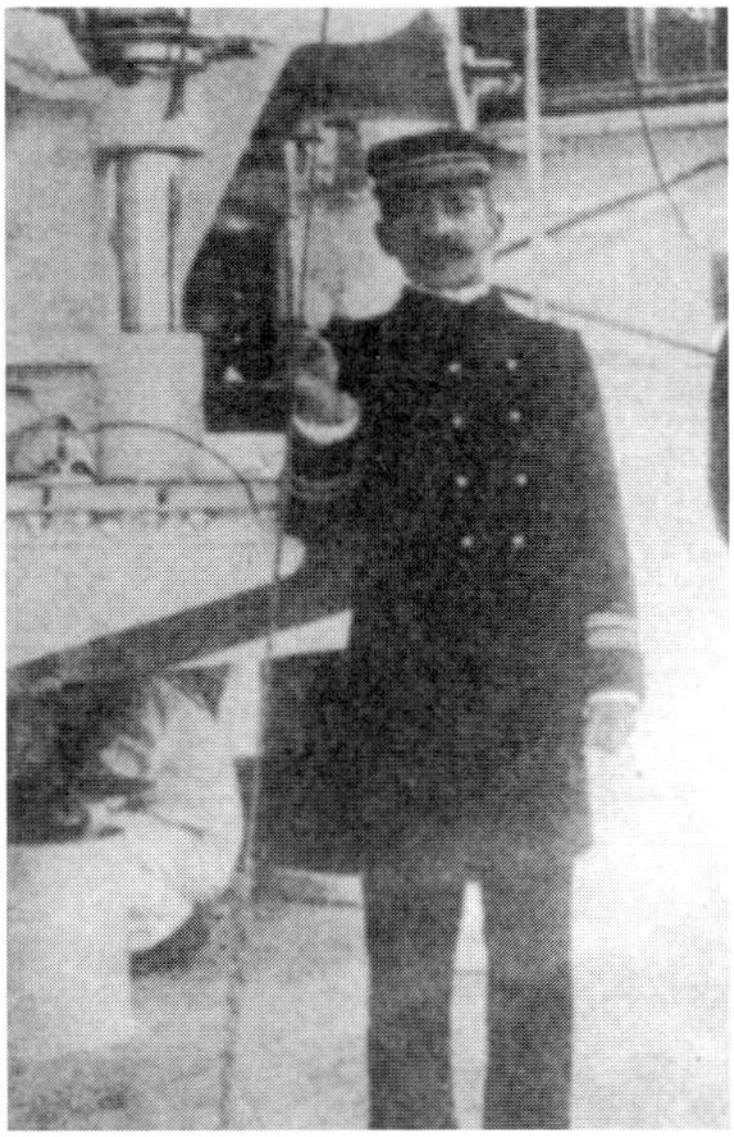
ピエール・ロチ（1900年撮影）

ふたりは故郷の廟の祭壇を守るため、天の啓示を受けてまつられた守護神であった。そして雨あられと降りそそぐ砲弾のさなかを、白刃をふりかざして突撃していった、あの狂気の集団の偶像《アイドル》であった。

敗走の日、女神たちは避難したジャンクのまわりを官軍に取り囲まれ、いっしょにいた母親とともに川に身を投げた。清国兵がすぐさま三人を水底から引きあげた。その甲斐あって姉妹は息を吹きかえした。だが母親の目がふたたび開くことはなかった。

今や囚われの身となった女神たちである。誰も虐待などしない。ただ自害しないように閉じこめておくだけである。ふたりは涙を見せなかった。ただ向かいあいにすわっているばかり。誰が入ってきても、視線は沈んだままで動かない。将校たちが前に進み出ても、身動きひとつしなかった。ふたりにはもはや何物も存在しないのだ。

「夕闇に閉ざされていく、もの悲しい部屋に囚われたふたり。何もかもなくした哀れなその姿を私たちは心に刻み、胸をしめつけられる思いで言葉もなくそこを辞した」

日の下に新しいものなし

義和団事件以後、義和団的な特徴をもった集団はその後も消滅することなく姿を変えて現れた。長江の中流、湖北と四川の境域で活動した神兵《しんぺい》という集団があった。彼らは義和団がそうであったように、何ほどの理念も持ちあわせていない。特定の神格への崇拝を行なうわけでもない。ただ、汚辱に満ちた世界にいつかまことの天子が現れる。自分たちは神々の庇護を受けて現世の汚辱を懲罰する神兵である。そうした確信だけがあった。

神兵は恒常的な組織を形成していない場合がほとんどである。平時には農民として暮らしている。彼らの生活をおびやかす危機がひとたびせまったなら、そのときは紅い衣を身にまとい、神々がのりうつった刀槍不入の身となって戦うのである。

憑依する神々は何であったか。神兵に類似する四川の紅灯教《こうとうきょう》では、関羽や張飛や孫悟空などあいかわらず庶民にとってなじみ深い神さまの面々であった。

紅灯教は一九五〇年代においてなおも四川省の山間部に存続していた。世界の終わりをあやぶみ、天子の到来をさけんで人民解放軍に摘発されている。

義和団の特徴とされる要素は義和団以前にあり以後にもあった。逆に言えば、義和団固有のものなどどこにもありはしない。すでにあったことは今もあり、これからもあるだろう。

生きつづける教民

小林一美氏は一九八六年から九〇年にかけて華北の内陸都市や農村を調査し、義和団とキリスト教の関係について聞き取り調査を行なった。とりわけ山東省冠県の梨園屯《りえんとん》(現在は河北省威県に属す)における調査は圧巻である。ここはかつて土地の廟と教会をめぐってずっと抗争がくりひろげられてきた舞台だった。義和団事件の原点のひとつとなった場所である。

調査はこれまでに定説とされてきた三つの見方に焦点を合わせている。

第一に、教会に入ったのは地主や税金逃れをたくらむ悪人が多く、教会の権威を楯にして自分たちの利益をはかったという説。第二に、教会は入ってきた者に金品をばらまいて、多くの民衆を抱きこんで勢力を拡大してきたという説。第三に、教会に入ったのは貧しい民衆が多かったが、それは教会のほどこし物や現実的な利益のためだったという説。以上の三点である。

このような問題設定のもとに調査が行なわれた。その結果、いくつもの証言によって驚くべき事実が明らかになった。それは、義和団事件を経過してもなお、キリスト教の信者は減少しないどころか大幅に増大したところさえあったことである。

小林氏によれば、「当時の華北民衆の想像を絶する貧困、飢饉、不幸が、腹を満たしてくれるもの、力あるもの、それがキリスト教会であろうがなかろうが、そこに救いを求めさせた」のだという。教会に入ったのはただ「金品のため、生活のため」と言われてきたのは、かならずしも真実ではなかった。むしろ問題の本質は、「教会のほどこし物に飛びつき生きようとする貧しい人々がなに故にかくも大量に生まれ、存在していたのかという当時の中国の現実」にこそ求められるべきである。しかも、事件以前からの信者の大部分は、この調査が行なわれた一九八〇年代まで代々キリスト教を信仰しつづけてきたという。彼らはあの文化大革命をも耐えぬいたのであった。

第七章

いくつもの女帝像

西太后像（フォス画、頤和園西暖閣）

西太后残酷物語

中国の歴史のなかで西太后は唐の則天武后《そくてんぶこう》とならぶ女傑ということになっている。こころみに通俗的な書物から西太后に関する記述を抜き出してみよう。——

清国が改革の必要に迫られていた半世紀のあいだ政権を握り、ひたすら権勢に執着しつづけた。簾《すだれ》の向こうから皇帝にあれこれ指図する垂簾聴政を行なった。

東太后に薬を差し入れた。東太后はこれを呑んだ直後に亡くなっている。

日清戦争のとき海軍予算を流用して頤和園の修復にあて、日々享楽にふけった。

戊戌政変のあと光緒帝を幽閉した。非難する者には残虐な報復を行なった。

義和団事件のとき列強への怒りにかられ、公使館区への総攻撃を決断した。

紫禁城から逃亡する際に、光緒帝の妃である珍妃《ちんぴ》を井戸に投げ入れた。

——さらには西太后の淫乱ぶりとなると、これは書きとめるのも愚かなほどたくさんある。

いずれも西太后について私たちの「常識」となっていることばかりであろう。しかしこのすべてはどこに確実な根拠があるのか。だいいち紫禁城のなかのことを誰が証言し得るだろうか。重臣を引見するとき西太后が簾のうしろにいたのは事実かもしれない。男女席を同じくしない伝統に従ったからではなかったか。指図する言葉をじかに聴ける者がいたのか。

珍妃を投げ入れた井戸というのは今も紫禁城の観光名所になっている。小さな井戸で、子どもでなければ入りそうにない。珍妃の姉の瑾妃《きんひ》はその後もずっと西太后の近くにおり、ともに笑顔で写っている写真もある。妹の惨劇が事実だとしたら、こんな鈍感な人間はまたとあるまい（もっとも姉も共犯なら話は別だが）。

いったい権力の渦中に生きた一女性のイメージというものが、どれほど先入観で造形されてきたのかは想像にあまりある。西太后像の書きかえも少しずつなされているが、同時代の証言としてペリオの記録はどのくらいそこに寄与できるだろうか。

スパイの自白から

七月十二日に英国公使館で間諜《スパイ》を尋問したところ、意外な事実が明らかになった。すでに引用したところだが、ペリオの記述を再度たどってみよう。

まず、清国軍を掌握しているのは栄禄と端郡王であるという。栄禄の軍が公使館区を包囲しており、董福祥の軍が城壁を包囲している。清国軍には旧式の大砲がある。しかし、町を破壊してしまうのを嫌って西太后が使用を許可しない。皇帝と西太后はまだ宮城にいるという。間諜はこれだけのことを語ったあとで付けくわえた。「西太后は叛乱にいささかも同情を示さないが、いかんともしがたいそうだ」と。

ペリオが書きとどめた間諜の自白は、なまの証言だけに義和団事件の真相を理解するうえで資するところが少なくなかろう。
西太后が義和団になんら同情しないというのは事実なのか。もしそうであるなら、事件に対する私たちの理解はいくらか修正されねばならなくなる。もっとも頑迷かつ強硬なのが西太后ではなかったか。
ペリオは手帳のなかでたびたび西太后に言及している。彼女が義和団に同情するかしないかはとにかく、その態度は終始一貫している。事を起こすことだけは回避しようとしていた。かえって事を起こしたがっているのは、西太后の取り巻きであり、あるいは列国の公使たちであった。事件発生当初の五月十六日、ペリオは次のように記している。

北京がどのくらい危険か見当もつかない。女帝は、端郡王が後ろ盾になっている義和団員に対し、行動を起こすことは望んでいないらしい。ピションは行動を起こしたがっているようだ。海軍将校たちを軍艦ごと来させるといきまいていた。それは力に頼ることではないか。ドイツ公使のケッテラーはすっかり興奮している。

うずく古傷

西太后の動向を見つめるうえで参照したい記録がある。それは事件から数年後に、紫禁城の頭等《とうとう》宮眷《きゅうけん》（女官長）をつとめた裕徳齢《ゆうとくれい》の英文の回想録である。

徳齢は清国駐仏公使裕庚《ゆうこう》の娘である。父の任地であったパリで教育を受けた。当時としては破格の経歴をもつ女性である。帰国後、西太后に気に入られて通訳兼女官長にとりたてられた。二年後には上海駐在のアメリカ人外交官と結婚して渡米するが、それまでのあいだ紫禁城や頤和園で女帝に侍した日々を記録にのこしたのである。

徳齢の回想録を読んで感じるのは、義和団事件が西太后にあたえた傷はかなりのものだったことである。外国の公使夫人と接見したときなど、かならずと言っていいほど、あの事件について何か聞かなかったと徳齢に問うている。

アメリカ公使夫人との接見を終えたあと、あいかわらず同じことをたずねた。それから声をひそめて徳齢に語った。

「宮廷が義和団とつながっていたと誰もが信じているようだが、それは嘘じゃ。わらわは騒動を知るとさっそく勅諭を出し

義和団事件（『ラ・ヴィ・イリュストレ』1901年2月号）

て、者どもを追い払うよう軍隊に命令したのに、ことはあまりに進みすぎていた。わらわはどんなことがあっても宮城から出るまいと心に決めたのじゃった」

しかしついに北京を捨てざるを得なくなる。西安までの逃避行の苦労を西太后は徳齢に語って聞かせた。その年まで苦労はしつくしたと思っていたが、これが何よりもつらかったという。ことの次第はいずれまた聞かせようと女帝は約束する。

徳齢の回想録

徳齢の回想録には別人の序文がある。それによれば、父裕庚は満洲正白旗の出身で、総理衙門の総裁をつとめたのち駐仏公使になったという。しかし、そこに記された出自と公使以前の経歴はあてにならない。徳齢もヨーロッパで高等教育を受けたというわりに、あまり品があるとは言えない言動もある。みずから「皇女《プリンセス》」と名のったのは、出版社の入れ知恵かもしれないが、書物の評価を高めることはなかろう。

徳齢の回想がどこまで真実か疑う人は少なくない。これを書いたとき西太后はもはやこの世にいなかった。やはりすべては帷《とばり》のなかのことである。

ロシア公使夫人が謁見したとき、徳齢はフランス語で通訳した。ロシア語は話せないのかと西太后がたずねると、徳齢はきっぱり否定した。これが西太后のお気に召したらしい。「なぜそなたはロシア語が話せると言わないのじゃ。どうせわらわにはわからないのに」

この逸話は西太后にとってだけでなく、私たち読者に対してもあてはまるのではないか。ただ、常人には知ることのできない観察が含まれているのを期待して読んでいきたいと思う。

問わずがたりに

一九〇四年四月にキャサリン・カールによる西太后の肖像画が完成した。製作のあいだずっと宮中に滞在していたカールがいなくなったあと、西太后はまたも徳齢にたずねた。「あの婦人はそなたに義和団の乱のことをたずねなかったか」と。そもそも徳齢は事件のときパリにいて何も知らない。カールも一度もそのことを話さなかったと告げた。すると西太后は問わずがたりに語りはじめた。長い独白《モノローグ》である。

「あの事件のことは口にするのもいやじゃ。だから外国人には、事件のことを私の臣民に問うてほしくない」

西太后はヴィクトリア女王を引きあいに出す。いわく、イギリスは世界の大国のひとつにちがいない。しかしこれは何もヴィクトリア女王の力量でなしとげられたのではない。女王のうしろには有能な議員たちがいて、討議のすえ最善の策が得られるようになっている。女王はただ必要な文書に署名すればことたりる。ほかに何も言う必要などないではないか。……

西太后は中国語に訳されたヴィクトリア女王に関する書物も読んでいたらしい。かなり意識していたことはまちがいない。それを裏づける逸話もある。

一九〇三年五月のことである。アメリカ公使夫人が西太后に謁見した。西太后の肖像をセントルイスの万国博覧会に出品したく、米国の女流画家キャサリン・カールに肖像を描かせたいという願い出だった。徳齢は通訳に困った。西太后がそれを承知するとは思えない。そこで一計を案じた通訳兼女官長は、ヴィクトリア女王がロイヤル・コレクションで自身の肖像を世界に公開させたこと

ヴィクトリア女王

を持ち出した。西太后はこれですっかり乗り気になったのである。

端郡王への猜疑

「ところがわらわをご覧」

西太后は独白《モノローグ》をつづける。自分には四億の民があって、それがみな自分の判断ひとつに頼っている。事をはかる軍機処はある。しかしあそこの役人どもはただ人事を動かしているだけだ。肝心な

西太后像（カール画）

用件はすべて自分が裁断しなければならない。皇帝など何がわかるというのか！

「それでもあのときまでは、すべてがうまく運んでいた。あの乱がわが国にあれほどの重大な結果をもたらそうとは、夢にも思わなんだ。あれは、わらわの生涯でただ一度の誤りじゃった」

ただちに勅諭を出すべきであったと西太后は言う。義和団が動くことを禁ずべきだった。ところが端郡王が義和団を擁護してやまなかった。あの憎むべき外国人どもをことごとく追い払うため、天が中国につかわしたのだと言い張った。たしかに西太后自身も宣教師たちを憎んでいた。満洲族は古来ラマ教を信仰しており、女帝がいかに信心深い女性であったかは、徳齢の書物の随所にうかがえるほどである。

しかし西太后も端郡王のやり方には疑問をいだきはじめていたという。ある日、端郡王が義和団の頭目を万寿山の離宮に連れてきて、キリスト教徒の宦官を処罰させた。その後、宦官たちがひとりのこらず義和団の服装をしているのを見て、さすがの西太后も驚きを隠せない。聞けば義和団員どもは列国公使を皆殺しにする日を決めたというのだ。董福祥は自分の軍隊をくりだして、義和団が公使館に火をかけるのを援護するとまで約束していた。

西太后はあわてて栄禄を呼びにやった。駆けつけた栄禄は、配下の将軍たちに命じてただちに義和団員を城内より追い出すべきだと進言した。団員どもは下等きわまりない連中で、中国にいる外国人だけが世界にいる外国人のすべてだと思いこんでいる。これさえ殺せば外国人は絶滅すると信じて疑わない。列強の復讐がどんなに恐ろしいか考えるまでもない。栄禄は公使館の衛護を自分に命じてほしいと西太后に願った。

老いのくりごと

西太后は栄禄に令旨《れいし》をあたえた。端郡王にも釘をさしたが、もはや手遅れである。義和団に反対するのは栄禄ひとりになってしまった。端郡王は西太后に勅諭を出せとせまる。外国人皆殺しを義和団に命じよと。西太后が激怒すると、端郡王は捨てぜりふを吐いて退出した。自分が代わりに勅諭を発するというのである。

その後、列強の救援軍が北京に向かっていることを知ると、誰も彼も恐れをなして北京を捨てざるを得なくなった。……西太后はここまで語ると泣きくずれた。徳齢はなんとかなぐさめようとする。ややあって西太后は言う。

「あれはわらわの生涯でたった一度のあやまちじゃった。わらわの気が弱かったためにこうなってしまったのだ。それまで、わらわは瑕《きず》ひとつない玉《ぎょく》のようだった。わらわが国のためにつくしてきたことを誰もがたたえてくれていた。だがあの乱の時からこの玉に瑕がついてしまったのじゃ。この瑕は死ぬまで消えまい。あの極悪な瑞郡王をあれほど信じきってしまったことを、わらわはどれほど悔やんだことか……」

さてこの回想、どこまで言葉どおりに受け取れるだろうか。ただ、ここで西太后が語ったことはペリオが記した間諜の自白と矛盾しない。西太后は義和団にいっさい同情しないが、なんともしがたかったという。これはあるいは事実に近かったのかもしれない。

権力者の揺らぎ

西太后はのちに、自分はつねにどの道も少しはあけておいたと自慢している。たしかに総理衙門から公使館区に西瓜を届けさせたのは西太后の意向がなければできないことだろう。徹底的な排外を標榜する裏で、あいかわらずつながりを保とうとしていたのか。

宣戦の上諭をくだす数日前、西太后は広東《カントン》にいた両広総督李鴻章に即時上京を命じた。ペリオは七月十六日に「李鴻章が呼ばれたらしい」と記している。

李鴻章に頼るとすればそれは外交折衝である。過去三十年をふりかえって、今また西太后はこの齢《よわい》八十に近い臣下に外交上の紛糾をほぐす手腕を期待したにちがいない。宣戦を布告するまえから列国との折衝を考えていたのか。

欧米の外交文書をもとに義和団事件を検討したジョージ・スタイガーはこの事実に注目している。この期におよんで西太后がなおも宮廷内の強硬派に同調しきれずにいた。あるいは、和平の可能性を完全にはあきらめていなかった。そうした推論の有力な証拠と見なしたのである。

西太后一行の帰京

戊戌政変への反動

佐藤公彦氏は徳齢が記す西太后の独白について次のように評価した。「満洲人近支にひきずられた弱さがあったことは事実にしても、これは嘘を混えた自己弁護の『物語』と言うべきである」と。

そのとおりだと思う。それでもあえて言うならば、かなうことのなかった過去の回想は、おしなべて「物語」にほかならない気もする。そこにはかならず嘘が混じる。自己弁護で塗りかためられている。

権力者の揺れは最初から最後まであったのではないか。

西太后は、開戦の決意を列強の侮辱に対する怒りで激昂したためだったとして、みずからの誤りを認めている。もちろん最終的に「戦を決する」ことを決意したのは西太后にはちがいない。しかし見方を変えれば、満洲族の民族主義台頭のなかで決断を迫らざるを得ない形勢になっていたとも言える。その蓋を開いたのは、ほかでもない一八九八年の戊戌政変であったろう。漢人の改革派と対立していた満洲人の彼女にとっては、このとき「扶清滅洋」をとなえる人々を敵視することは、民族主義を放棄することにほかならなかった。佐藤氏が指摘したとおり、その意味で義和団事件は戊戌政変の反動だったのである。

宣教師なんか大嫌い

うわさによると、宣教師たちは薬を用いて中国人をキリスト教に改宗させているという。西太后はそんなデマさえ信じていたらしい。アメリカ公使夫人に接見したあとで、彼女は徳齢にこう語っている。

「李蓮英《りれんえい》の話だと、あの宣教師たちはわが国の民に何かの薬をやるそうじゃな。そうすると誰もがキリスト教徒になりたがると聞いておる。貧しい家の子どもたちを連れていって目玉をえぐり出し、それを何か薬に使うというではないか」

この話はすべて西太后の寵臣である宦官の李蓮英から聞いたという。

西太后はキリスト教について何も知らない。すべては周囲にかしずく者たちの言に左右されている。西太后の詮索好きは有名だが、紫禁城の奥深く暮らす身では、事の真偽を確かめるすべなどない。たびかさねて吹きこまれることを、そのまま事実として受けいれるだけである。佞臣どもの目を通してしか世のなかを見ていなかった。

もっとも西太后に限ったことでもない。西洋人に対するこうした態度は、当時の中国ではむしろ普通だった。翰林院の学者たちでさえそうである。市井に暮らす人々もそのほとんどは、西洋人など実際に見たこともなかったろう。

それにしても西太后のキリスト教嫌いは筋金入りである。戊戌政変のとき、康有為《こうゆうい》が光緒帝にキリスト教をふきこんだのがよほど癪にさわっているらしい。徳齢にそれを語っているうちにますます興奮してくる。「わらわが死ぬまで誰にもキリスト教を信じさせぬぞ！」

そのうち興奮がさめてきて、もとのおだやかな会話にもどる。謁見に来たアメリカ公使夫人の話を徳齢としていたのであった。公使夫人は女帝の肖像画を描くことを提案しにきたのだが、それはまだ伝えていなかった。公使夫人は礼儀正しい。西太后は礼儀正しい人間を好もしく思う。でも、ただひとつ気にくわないことがある。それは夫人がいつも自分の通訳に宣教師を連れてくることだ。ここには徳齢という便利な通訳がいるのだから、アメリカ人の通訳など必要ない。宣教師の言うことはさっぱりわからない。

「わらわは今後も公使夫人らに会ってみたい思う。でも、宣教師だけはいやじゃ」……いやはや。

古都の静けさ

林語堂の小説『北京好日』は、次のようにはじまる。

「一九〇〇年七月二十日の朝であった。北京の東城、馬大人胡同《マーターレンホートン》の西側に、騾馬《らば》曳きの馬車の一隊が勢揃いしていた」

北京は古い都である。馬大人胡同は宮城のまえの長安街から一筋はいったところにある。わけても古い界隈である。いつもは人影もなくひっそりとしている。

駆者たちは早起きで、未明にはもうそこに来ていた。長旅に馬車を雇った五十がらみの老人は、煙管《きせる》をくゆらしながら、駆者たちが騾馬に飼葉《かいば》をやっているのをながめている。駆者たちは冗談を言いあったり、ののしりあったりしていた。ひとりが言う。

「こういう御時勢じゃあ、……旅に出れば、死んで帰るか生きて帰るかわかったもんじゃない」

別の駆者が言う。

「外国の兵隊どもが街へ入って来たら、北京はもうこんな住みいいところじゃなくなってしまわあ。いっそどこかへ行っちまいたいな」

七月二十日といえば、いっときの銃撃戦がやんで、休戦状態に入ったころである。援軍の到着にはまだ遠い。包囲する方もされる方も疲れきっている。西太后から列国公使館に西瓜の差し入れが届いたのは、この日のことだった。小説はつづけて言う。

「日が昇り、その家の入口を照らした。大きな梧桐の葉が露にかがやいた。ここは姚家《ヤオ》である。堂々とした玄関ではない。紅い円板のついた小さな扉があるだけだった。梧桐の樹がこの入口にかげを投げかけている。気持ちのいい朝だが、晴れわたった暑い日になる気配があった」

この小説を邦訳した小田嶽夫氏が別のところで語っているように、この古い町の閑雅を象徴しているものに、胡同を歩く物売りの音がある。水売りの推車《トイチョ》のわだちのきしむ響き、床屋の毛抜きの物憂い音、研《と》ぎ屋の鉄板を振り鳴らす重たい響き。それらがせまい路地に余韻をひいていく。鼠色の土塀に槐《えんじゅ》の葉がかげを落とす。家々の古さびた朱色の門はひっそり閉ざされている。

ペリオが伝える間諜の言葉のなかに、官軍には旧式の大砲があるけれど、町を破壊してしまうので西太后が許可しないとあった。古都の静かなたたずまいをいとおしむゆえか。

西太后の素顔

頤和園の西暖閣《せいだんかく》に西太后の肖像画がかざられている。オランダの画家ヒューバート・フォスによって描かれた。李鴻章や慶親王の肖像を描いた実績で、一九〇五年に西太后の肖像を描くことになった。徳齢やカールが宮廷を去ったあとのことである。七十歳になるすこし前のことだった。

フォスはセントルイスの万国博覧会で、キャサリン・カールが描いた西太后の肖像画を見たことがある。そのときは別段感じるところがなかったという。のちにフォスは回想している。

「だが、実際の女帝はまったくちがっていた。背筋を伸ばした女帝の、恐ろしいまでに強そうな意志と分別。それにもまして、美しいものへの共感と愛にあふれた小さなおじぎ。私は一目惚れしてしまった」

西太后はあれこれ注文する。目尻をもっと上げよ。上下に影はつけるな。眉毛はまっすぐ。口はへの字にしない。鼻にも影を入れてはいけない。……要するに、言われたとおりに描けということである。西太后が望んだのは、ありし日の姿である。幼帝の母君なる若き皇后であった。人生の絶

西太后像（フォス画、頤和園西暖閣）

頂期の彼女であった。

フォスは写実的に描くことはあきらめた。西太后の言うがままに若くて美しい肖像を描いたのである。これが頤和園にある一枚である。のちにニューヨークのアトリエへもどってから、若くも美しくもない現実の女帝を描いた。現在はハーバード大学のフォッグ美術館に所蔵されている。

しかしシーグレイヴが評したように、このもう一枚の肖像画ほど、この女性に肉薄したものはなかろう。若くも美しくもない。けれどその気力と忍耐力とをみごとにとらえている。

西太后像（フォス画、フォッグ美術館）

第八章

ペリオ、中央アジアへ

ペリオ探検隊（一九〇七年撮影）

義和団事件後のペリオ

ペリオは事件の翌年ハノイにもどり、二月六日に極東研究院の中国語教授に任命された。義勇軍参加の功績によりレジオン・ドヌール騎士勲章をさずけられた。

極東研究院の紀要は一九〇一年に創刊され現在にいたっているが、ペリオは第一号から健筆を振るいつづけた。ほぼ毎号発表される長大な論文はもとよりのこと、わけてもおびただしい数の書評は彼の仕事のうちで重要な部分をなしている。

インディアナ大学編纂のペリオ書誌に収録された八六四点の業績のうち、書評（論文評も含む）はじつに四七一点を数える。書評が研究上の表現形式として確立されているヨーロッパの学術誌ならではの数字であろう。ロシア人や日本人の仕事も視野に入れていた。

ペリオの手帳の四冊目は、二月二十二日にふたたび中国へ向けて出航するところから再開する。香港、上海、天津を経て三月十三日に北京に到着した。五月二日に北京を去るまで、公使館を訪れてピション公使に再会し、また北堂を訪れてファヴィエ神父にも再会をはたした。戦乱でうしなった漢籍を収集しなおしてこれをハノイに運び、所期の目的であった極東研究院附属図書館の基礎をつくったのである。

六月十二日にハノイに帰還。二十六日に帰国の途についた。手帳はこのときまで記されている。

帰国後ふたたび中央アジア探検に向かい、敦煌写本を発見した次第はいろいろな本に書いてある。百年後にあたる二〇〇八年、その経過を伝える大部な手帳の校訂本がようやく刊行された。義和団事件にかかわることもわずかだが含まれている。以下にあらましを述べてみたい。

この探検手帳は本書でたどった『北京日誌』の何十倍もの分量である。記載された地名はおどろくべき広がりをもち、人名もとにかく多彩である。ペリオのその後の研究と対照させながら読んでいくことは魅力ある作業にちがいない。手帳の校訂本にもとづいて中央アジア探検の全貌が明らかになるのは、いったいどのくらい先のことだろうか。

ふたたびアジアへ

中央アジアの砂漠に列強の目がそそがれたのは十九世紀の末だった。植民地のさらなる拡張をめざし、また、地図の上に残った未知の大地を明らかにするため、ロシアをはじめ、イギリス、スウェーデン、フランス、ドイツ、さらに日本が続々と探検隊を派遣する。二十世紀をむかえるや、中央アジアは探検と掠奪のるつ

極東研究院附属図書館（ハノイ）

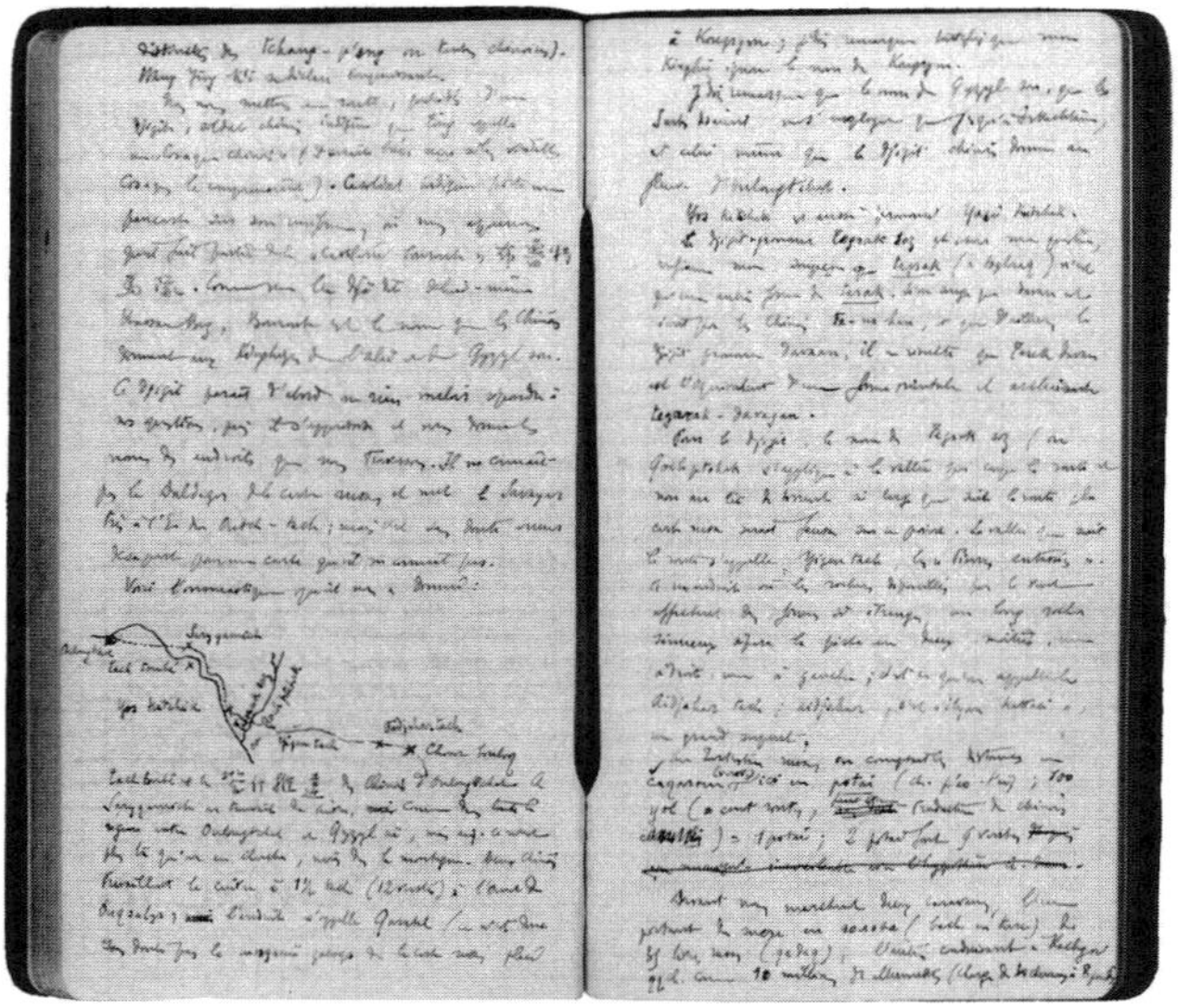

ペリオの中央アジア探検手帳

ぼとなった。

一九〇五年にフランスは総力をあげて中央アジア探検隊を組織する。その隊長に若干二十七歳のペリオが抜擢された。極東研究院における書籍収集の実績と義和団事件での武勇もあずかったにちがいないが、その前の年に研究院紀要に発表した論文「八世紀末の中国からインドにいたるふたつの道」がおそらく直接の決め手になったのではないか。これは雑誌論文とはいえ、大判三百ページが細かい注記で埋め尽くされている。

唐代にヴェトナム北部の東京《トンキン》から雲南を経てインドにいたる道があった。これは正史に引かれた地理書の記述によって知られる。ペリオはこれを考証し、さらに求法《ぐほう》僧の旅行記や仏典の記述をふまえて広東から南海に向かう道を明らかにした。東アジアと南アジアの古代地理に関する該博な知見が示されており、考察は中央アジアから西アジアにまでおよんでいる。

ペリオはさっそく探検隊の組織づくりにとりかかった。軍医で測量にもたけたヴァイヤンと写真技師のヌエットを同行者に選んだ。ともにペリオとは高校《リセ》以来の友人である。一年近くを準備についやしたのち、一九〇六年六月十五日にパリを出発してモスクワに向かい、そこからタシュケントを経て七月十五日にサマルカンドに到着した。中央アジア探検の手帳はここからはじまる。

流謫の皇族との邂逅

九月一日に中国領トルキスタンに入り、一年にもおよぶ西域北道の遺跡調査に従事した。とりわけトゥムシュクとクチャでは大きな収穫を得ることができた。パリのギメ美術館をかざる中央アジア仏教美術の精華はここからもたらされたのである。

一行がさらに東に向けて出発したのは翌年の九月三日であった。トゥルファン・オアシスから北にまわり、十月九日に新疆の首府烏魯木斉《ウルムチ》に到着した。そこで換金に手こずったため三カ月あまり逗留することになる。

この地で話されるトルコ語やロシア語、とりわけ北京官話を自在にあやつるペリオは地元の官吏

トゥムシュク出土塑像（ギメ美術館）

たちからも厚遇された。義和団事件に連座して流謫されていた輔国公載瀾《ほこくこうさいらん》とは親しく往来をかさねることになった。端郡王の弟である。光緒帝の従兄弟にあたる。

十二月十二日、烏魯木斉の北西にあるズンガリア砂漠の調査に出発しようとしたペリオに、載瀾は餞別を贈った。法華経一巻、なんと唐代の写本である。ペリオは目をかがやかせた。これは町で耳にした敦煌における古文書発見のうわさを裏書きするものにちがいない。

一行はいったんは北西へ向かったものの取って返し、ふたたび烏魯木斉で数日を過ごした。最初の滞在のときは調査を行なっていない。したがって十月七日の記事のあと十二月二十日まで手帳には記載がない。載瀾から古籍を贈られた次第はそこには記されておらず、帰国後にソルボンヌ大学で開催された講演の記録によって知られるのみである。いったん烏魯木斉へもどってから二十五日にそこを出発するまでは、以下のとおり手帳に数日分の記事がある。

十二月二十一日は、載瀾の屋敷で宴会がもよおされた。ペリオが返礼の贈り物をしたことが記されている。二十二日はともども夜まで芝居見物である。

二十三日は載灃の屋敷で昼食。ペリオとヌエットと主人の三人でシャンパンを飲みまくった。六本目をあけたところで、載灃は気が大きくなってきた。やおら義和団事件のことを話しはじめたのである。

いやされざる記憶

息を荒くして（とまでは手帳に書いてないが、たぶん興奮ぎみに）載灃が言うには、義和団を北京の町に入れたのは端郡王ではない、軍機大臣の剛《ごう》毅《き》だという。事が大きくなるまえに、自分は役人を従えて公使館区におもむいた。列国の公使たちをおもんばかり、心配にはおよばぬことを告げるためである。ところがだ。あのケッテラーめが自分を指さして叫びおった。

「こいつは端郡王の弟だ。こんなやつと話なんかするもんか！」

忘れたくとも忘れられない記憶が次々とよみが

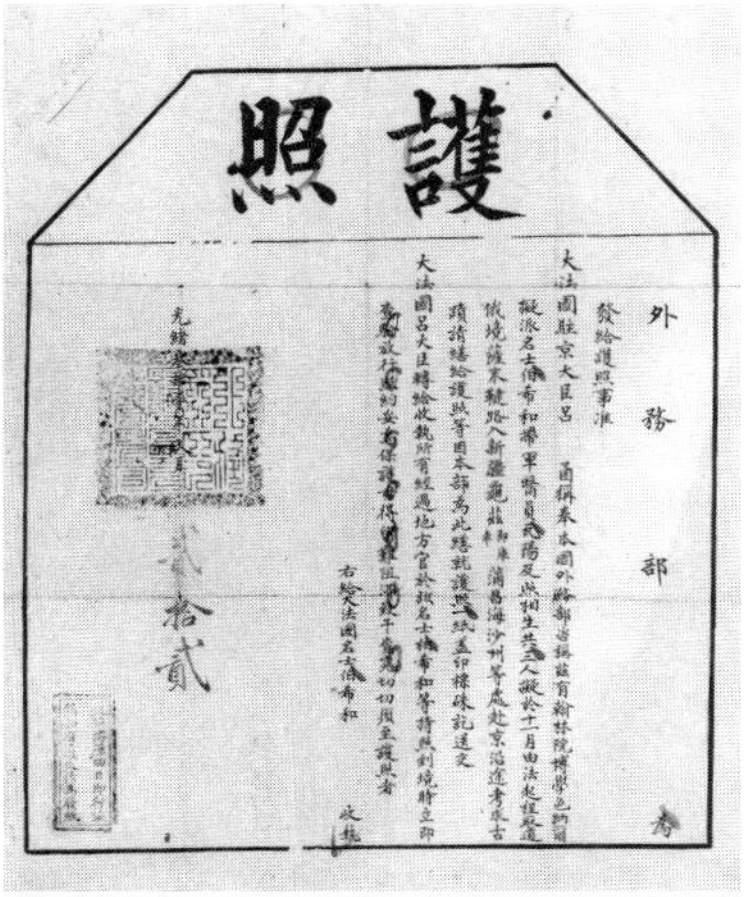
護照
外務部

清国外務部発給通行証（ペリオ所持）

えってくる。なかにはまったくの誤解も含まれていた。ケッテラー男爵が総理衙門に乗りこんでいったのは列国の総意にもとづくのだ、と載灟は信じきっている。それは公使館立ち退きの期限がきれる日のことだった。公使らは総理衙門に談判に行くべきか否か、いつもの調子でいがみあうばかり。しびれを切らした男爵が通訳を従えて勝手に出かけていき、そこを狙撃されたのである。その顚末はペリオも『北京日誌』に記している。

載灟の召使いたちは主人が爆発しやしないかと怖くなって、みな食卓から離れてしまった。西洋人ふたりもひやひやしていると、遠くで大砲の音がする。撫台《ぶだい》（地方長官）がペリオを訪ねるために官舎を出た合図だった。これさいわいとばかり、ふたりはそそくさと席を立っていとまごいしたのである。

酔いからさめた載灟は夕方になってペリオのところへ別れを言いにきた。かならず手紙を書くように。自分もかならず返事を出す。そう告げるためだった。あとでペリオの使用人が屋敷の者から聞いたところでは、主人は大声で泣いていたという。いつかまたあのフランス人は北京へ行くだろう。自分はいつになったらもどれるのか。もう六年もここに流されたままだと。……

載灟はその後もペリオの一行に塩漬けの魚や点心を届けさせた。蘭州の高官宛てに紹介状を送ったりもした。至れり尽くせりだったという。

十二月二十五日の午後に烏魯木斉を出発した一行は、天山を越えて一月五日にトゥルファンにい

敦煌莫高窟（ペリオ探検隊撮影）

たった。ここは前年の発掘によって遺跡の宝庫であることがわかっていた。しかし調査はすべて見送って、敦煌への道を急いだのである。はやる心を抑えつつ、零下三十五度の寒気につつまれたゴビ砂漠を通過した。敦煌到着は一九〇八年二月二十五日である。

先陣争いには敗れたが

かつて隊商都市としてさかえた敦煌の町は二十世紀のはじめにはすっかりさびれていた。郊外には山肌をけずって造られた仏教寺院があり、王円籙《おうえんろく》という道士が住んでいただけだった。

清国の年号で光緒二十六年といえば西暦一九〇〇年にあたる。吹きすさぶ砂嵐のなかでは義和団の騒動など聞こえてもこない。そんなある日、王道士が石窟のひとつから古びた巻物を大量に見つけた。金目のものではなさそうなので役所に届けはしたものの、誰もあいてにしてくれない。忘れかけていたころに商人からうわさを聞きつけたイギリスの探検家スタインが乗りこんできた。王道士とのかけひきのすえ五千点もの巻物を手に入れて持ち帰った。一九〇七年五月のことだった。

巻物のなかみは仏教の経典のほかにも、道教やマニ教の経典、歴史書や文学書、字引や役所の書類などさまざまである。書かれている言葉は漢文以外に、サンスクリットやチベット語、中央アジアの未知の言語まであり、年代も五世紀から十一世紀におよんでいる。

中国は古い国ではあっても革命ばかり起きているので意外に古いものは残っていない。唐代以前の写本などほとんど伝わらなかった。それが中国の西のはずれの砂漠の寺に、まるでタイム・カプセルに入れたように残っていたのである。そんなものがあるとすれば、あとは中国の東の果て、つまり日本の正倉院ぐらいだろう。

スタインは敦煌で手に入れた巻物を二十いくつかの木箱につめこみ、意気揚々とロンドンに凱旋した。その探検の成果を『セリンディア』五巻にまとめ、一九二一年に出版している。セリンディアとは絹《セリス》（の国である中国《シナ》）とインドを合わせた言葉である。東南アジアをインドシナと呼んだのはその逆である。

ペリオの敦煌到着はスタインに遅れること九カ月であった。先を越されはしたものの、ここからがペリオの本領発揮である。

洞窟のなかでの格闘

到着の翌々日から王道士と交渉を開始した。ペリオは巻物をすべて買い取ろうとしたが、道士は頑として応じない。そこでくだんの石窟に入って巻物をひとつひとつ選り分けることにした。初日から十時間ぶっとおしである。そのときの写真がある。ひげだらけのペリオが、ろうそく一本のあかりを頼りに一心不乱に見入っている。辞書も何もない穴ぐらで巻物をつぶさに鑑定していく。おどろくべき記憶力、判断力、体力。

敦煌石窟内のペリオ

目のまえにあるのは仏典の山である。ペリオは南条目録が手もとにあればと嘆いている。一八八三年に南《なん》条《じょう》文雄《ぶんゆう》がオクスフォードで出版した英文による一切経目録である。とりあえず跋文や年記のあるものを抜き出した。そのうちに経典以外の漢文文献を次々と見つけていく。これはスタインにはできない芸当である。チベット語や中央アジアの言語で書かれた文献もことごとく手に入れた。こうして獲得した六千点を超える写本がパリの国立図書館に運ばれ、絵画や刺繡はギメ美術館におさめられた。

ペリオ探険隊の撮影による写真集『敦煌石窟』の出版は一九二〇年からはじまる。第一巻の扉ページには一九一四年の年号があるが、表紙には一九二〇年と記されている。これは正誤表に追記されたとおり、印刷はすでに終わっていたものの第一次世界大戦で刊行が遅れたためである。全六巻におさめられた四百枚近い写真は、百年前の敦煌の状態を伝える貴重な映像である。ひげだらけのペリオの写真は最終巻にある。

ペリオは石窟寺院のあちこちで調査を行ない、すさまじい勢いでノートをとった。内部の記述はもちろんのこと、そこに文字があれば漢字だろうとチベット文字だろうとインドの文字だろうと、目に入ったものは片端から写しとっている。この走り書きのノートは全六巻にまとめられ、一九九二年までにすべての影印と翻刻が出版された。

ペリオがパリにもたらしたチベット写本二千二百点の目録は二十年かけて編纂され、一九六一年に全三巻が完結した。漢文写本四千点の詳細な目録は、フランスの東洋学者を総動員して現在もなお刊行がつづいている。

華北でのやりのこし

ペリオは出発前に探検旅行の抱負を語っていた。そこでは雲崗《うんこう》や龍門《りゅうもん》など華北の石窟寺院の調査も計画されていた。しかし中央アジアで手いっぱいになっていたため、そこまでは手が回らない。一九〇七年に清国を再訪したシャヴァンヌによってその調査が実現されることになる。

シャヴァンヌは一八六五年の生まれだから、七八年生まれのペリオからすれば大先輩である。パリの名門高等師範学校《エコール・ノルマル》を卒業したあと、八九年からフランス公使館員として四年のあいだ北京に滞在した。そのとき『史記』全巻の翻訳に取り組んだ。帰国後は二十八歳の若さでコレージュ・ド・フランスの中国言語文学講座の教授に就任した。ペリオもその講筵につらなっている。

シャヴァンヌは『史記』の注釈を「孔子世家」まで終えたところで、かつて北京滞在中に手がけたいくつかの研究テーマについて資料の補充と再度の実地調査を行なうため、十数年ぶりに清国を訪れた。ロシアの中国学者アレクセーエフが調査に同行している。彼もコレージュ・ド・フランスでシャヴァンヌの薫陶を受け、前年の一九〇六年から清国に留学していた。

仏露の師弟は北京で再会したあと、北京大学の前身である京師《けいし》大学堂で服部宇之吉と桑原隲藏《くわばらじつぞう》に面会した（この事実は、桑原家から日記を借覧した弟子の森鹿三が明らかにしている）。服部は義和団事件のあとドイツに留学したが、京師大学堂の師範館総教習に推挙されてふたたび北京にいた。今ならば教育学部長にあたる地位である。桑原は京都帝国大学文科大学の創設をひかえた清国留学のため、北京に到着したばかりだった。

シャヴァンヌとアレクセーエフは北京を発って大運河を南下し、漢代の画像石を調査したのち泰山《たいざん》に登攀した。それからしばらく龍門石窟にこもって、北魏時代の造像記を五百あまりも筆写している。今でこそ名高い龍門造像記だが、当時の清国では『金石萃編《きんせきすいへん》』に二十数題をおさめるのみだった。ふたりはついで西安をへて、唐代の皇帝たちがねむる乾陵《けんりょう》にたどりつく。北京にいた桑原隲蔵は宇野哲人《うのてつと》とともに数日後にそこを訪れている。シャヴァンヌはアレクセーエフと別れたあと五台山に詣で、さらに雲崗石窟の調査に従事した。

この調査旅行の成果は帰国後に続々とまとめられた。『泰山』は一九一〇年、『華北古美術調査』四巻は一九一五年に出版された。後者は漢代画像石と北魏仏教石窟の研究である。造像記の記述をもとにさまざまな階層の人々の信仰について考察がこころみられた。シャヴァンヌはさらに石窟寺院に残された仏像の様式を手がかりとして仏教芸術が中央アジアから中国にもたらされた経緯をた

シャヴァンヌ（乾陵、1907年）

どろうとしたが、一九一八年に急逝したためこれは果たされなかった。

チベットの研究、そして探検

パリ国立図書館が所蔵するペリオ将来の敦煌写本は、漢文についでチベット語の写本が多い。いずれも紀元千年以前のものがほとんどである。チベットは吐蕃《とばん》王朝の時代にあたる。それまでの文献資料は十一世紀以降のものばかりだった。チベットがインド文化への接近を選択したあとで書かれている。そこには相当なバイアスがかかっていた。ところが敦煌写本の研究が進むにつれ、チベット史は徐々に書きかえられていく。八世紀にはインドからだけでなく、唐王朝からも中国的に変容した仏教が取りいれられていたことがわかってきたのである。

仏教ばかりではない。敦煌写本のなかには中国古典のチベット語訳も含まれていた。上述の写本目録を編纂したマルセル・ラルーによって『書経』の訳本がつきとめられた。また、『戦国策』に見える逸話のいくつかが、現行の漢文諸本とは異なる配列でチベット語に訳されている。これはフランス国立科学センターの今枝由郎氏が明らかにした。

ペリオもみずからチベット研究を手がけている。『旧唐書《くとうじょ》』と『新唐書』におさめられた二種の「吐蕃伝」が一九二〇年ごろ翻訳され、二一年にはコレージュ・ド・フランスにおいて講じられていた。その吐蕃史訳稿は『チベット古代史』のタイトルで没後十五年をへて一九六一年に出版された。『元朝秘史研究』や『中国印刷史』などとならぶペリオの遺稿集第五冊にあたり、『北京日誌』と同じく弟子のルイ・アンビスによって出版が実現したのである。

ペリオの訳稿には千八百もの注記番号がついている。しかし注記そのものは残念ながら見つかっていない。末尾に語彙索引が付されており、漢字で音写された名詞からもとのチベット語を復原し、あるいは地名や人名の同定をこころみたものである。こうした作業はペリオの得意技といってよい。一九一五年にはチベット語の漢字音写に関する論文も発表されている。おそらく失われた注記のなかでその綿密きわまる考証がなされていたのであろう。

ダヴィッド=ネール

ペリオはチベットを訪れていない。彼が古代チベット史の文献に取り組んでいたころのことである。アレクサンドラ・ダヴィッド=ネールというフランス人女性がヒマラヤを越えてラサをめざしていた。チベット人の老婆になりすまし、少年のラマ僧といっしょに托鉢しながらの行程である。ようやくラサにたどりついたのは五十六歳のとき、こころざしてから十二年、一九二四年のことだった。閉ざされていた神秘の都に入ることができた最初の西洋人女性である。帰国後の二七年に『パリジェンヌのラサ旅行』を出版し、ヨーロッパで大きな反響を呼んだ。

チベット大蔵経の日本将来

日本人によるチベット探検といえば河口慧海《かわぐちえかい》が名高いが、それとならび称される人に真宗大谷派の学僧寺本婉雅《てらもとえんが》がいる。

明治三十一年（一八九八）、真宗大学二部の卒業を目前にしてチベット入りをこころざした寺本は、まず北京の雍和宮《ようわきゅう》におもむいてラマ僧からチベット語の手ほどきを受けた。翌年、揚子江をさかのぼり、成都を経て大雪山脈の東にある打箭爐《ダルツェンド》に向かう。ここで同じ真宗大谷派の能海《のうみ》寛《ゆたか》と落ちあったのち、巴塘《パタン》までたどりついた。ここは当時ダライラマの直轄地であったから、ふたりは日本人としてはじめてチベット領内に足を踏み入れたことになる。清国から帰還するネパール使節の一行にまぎれてラサをめざそうとしたが、そこから先の旅行許可がおりなかったので、やむなく打箭爐にもどった。能海はなおここにとどまり、寺本はいったん帰国する。

翌年、義和団事件が勃発すると寺本は従軍した。通訳僧として雍和宮のラマたちに信頼され、慶親王にも拝謁した。荒廃した北京の黄寺《こうじ》と資福院《しふくいん》でチベット大蔵経を入手している。黄寺で求めたのは明の武宗の正徳三年（一五〇八）につくられた紺紙金泥の経律部《カンギュル》写本である。宮中に献じられ、のちに東京大学図書館に移管された。資福院で求めたのは経律部と論疏部《テンギュル》の両部を完備した北京版大蔵経である。大谷大学に寄贈され、昭和三十年（一九五五）から影印百六十八巻が出版された。これも義和団事件の余沢と言えようか。

ちなみに北京版チベット大蔵経の揃いは他にはパリの国立図書館にしかない。明《みん》版の道蔵や康熙版モンゴル大蔵経とともにペリオによって収集されたものである。

まぼろしの門戸開放計画

能海はその後いくたびかチベット潜入をくわだてたが果たせず、インドからネパール経由でラサにいたった河口慧海に先を越された。明治三十四年（一九〇一）四月、雲南の大理から東本願寺に書簡を送ったのを最後に消息を絶ってしまう。寺本はふたたびチベットにいどみ、明治三十八年（一九〇五）に青海の北路をぬけてラサに到着した。

能海が消息を絶った同じ年、河口がラサにいたった。これに少し遅れて成田安輝《なりたやすてる》がラサ潜入に成功している。この男、諜報員のなれのはてである。木村肥佐生氏の研究によってその足跡が明らかになった。

成田は陸軍士官学校を中退したのち、台湾総督府に勤めていたが、外務省からチベット潜入の内命を受けた。東本願寺の了解のもとに僧侶に偽装し、重慶で能海と落ちあってチベット入りをこころみたが、このときは果たせなかった。そこで次は清国商人を名のってインドのシッキムからヒマラヤを越え、ラサにいたったのである。

その前の年、義和団事件のあった明治三十三年（一九〇〇）に成田は外務大臣宛てに上申書を提出している。それは「西蔵《チベット》に対する我道義上より一言せば」ではじまり、かつてのわが国と同じ鎖国状態にある後進国を導くのは先進国のつとめだと主張した。チベットは羊毛や鉱物などの豊富な資源を産する「広漠たる牧場」である。貿易をさかんにして日本人を移住（！）させるために門戸開放を推進すべしという。今回の義和団事件はその好機にほかならぬ。イギリスもアメリカも賛成するに決まっている。そこで日米英の「三国は西蔵開放の発起者として列国に向ひ之を商議せば講和条約中に西蔵開放の条件を挿入する容易ならずとせず」というのである。義和団事件の講和条件にこんなことまで盛りこませようと画策していたのだった。

成田はラサにたどりついたものの、たいした成果をあげることができなかった。帰国命令が出たにもかかわらず、その後もぐずぐずと清国にとどまっている。のちに陸軍の秘密工作に参加し、奉天で亡くなった。

義和団事件の遺産

義和団事件の講和条約は一九〇一年九月七日に連合国公使と清国代表とのあいだでかわされ、北京議定書への調印が行なわれた。調印にあたって全文一字の改易もなされない。清国全権は慶親王と李鴻章であった。

清国はドイツと日本に特使を派遣してケッテラー公使と杉山彬書記生の殺害を謝罪する。関係者を厳罰に処してその地方の科挙を五年間停止する。兵器および兵器製造機械の清国への輸入を二年間停止する。大沽砲台はじめ渤海湾から北京までの砲台を全部撤去する。天津はじめ直隷周辺の十二地点に各国軍隊を駐留させる。総理衙門を外務部（日本でいう外務省）に改組して行政府六部の上に置かせる。戦費ならびに駐在外国人の個人財産の破壊に対して各国に賠償金を支払う。その額は海関銀四百五十兆両《テール》、年利四分、三十九年年賦とする等々。

大騒動の幕引きはやはり賠償問題であろう。搾取の追い打ち、焼けぶとりの最後の機会である。各国公使館の経理室は損害賠償の請求書であふれかえった。モリソンはここでも英雄ぶりを発揮した。家屋と家具調度に千九百ポンド、蔵書に千ポンド、負傷による肉体的精神的苦痛に対して二千六百ポンド、しめて五千五百ポンドを請求している。モリソンの邸宅はたしかに立派だが、実際の家屋資産額は二百五十ポンドだったという。ハートは三万ポンドもの巨額の賠償金を受け取った。長年にわたって清国に貢献した人だからこれは妥当かもしれない。モリソンはすぐにかみついた。

日本政府は清国から支払われた賠償金をもとに北京に人文科学研究所、上海に自然科学研究所を設立した。辛亥革命後は国情が不安定になったため、一九二九年に国内に移転した。これが東方文化学院東京研究所と京都研究所（その後、東京大学東洋文化研究所と京都大学人文科学研究所に吸収合併）である。かつてともに公使館に籠城した服部が東京の、狩野が京都の研究所長となった。かたやフランス政府はパリに中国学高等研究所を設立し、現在に至っている。

東洋学のひとつの出発点

ペリオが計画したが果たせずシャヴァンヌによって実現された龍門と雲崗の調査は、のちに東方文化学院京都研究所が推進していく。まず昭和十一年（一九三六）に研究所員であった水野《みずの》清一《せいいち》と長廣敏雄《ながひろとしお》によって龍門石窟の調査が行なわれた。報告書である『龍門石窟の研究』は昭和十六年（一九四一）に完成する。補遺として千点を超える造像記の録文が掲載された。これはシャヴァンヌの倍の分量である。この録文を縦横に駆使した塚本善隆《つかもとぜんりゅう》の「龍門石窟に現れたる北魏仏教」も寄稿された。龍門造像記をもとに北魏の仏教信仰を明らかにした論考であり、フランスの先駆者によ

極東研究院事務局（パリ・アジア会館）

る研究を凌駕する勢いである。

京都研究所は日中戦争が勃発した昭和十二年（一九三七）に東方文化研究所に組織替えした。翌十三年から雲崗石窟の調査がはじまる。十九年（一九四四）までの七年間、戦争のさなかにも営々とつづけられた研究の成果は、十六巻三十二冊の大著『雲崗石窟』に結実した。その大もとをたどってみれば、義和団事件やペリオとどこかでつながっているだろうか。

ペリオは一九一一年にコレージュ・ド・フランスに新設された中央アジア言語歴史考古学講座に招聘された。敦煌写本の獲得とその研究上の功績がたたえられたのである。二一年には碑文文芸アカデミー会員に推挙され、三五年からフランス・アジア学会会長をつとめた。世界の東洋学研究をリードしつづけ、一九四五年にパリで亡くなった。

参考文献

ポール・ペリオ『北京日誌』 Paul Pelliot, *Carnet de Pékin, 1899–1901*, éd. Louis Hambis, Documents inédits du Collège de France, I, Paris, Imprimerie Nationale, 1976.

　ペリオのフランス領インドシナ勤務と中国出張期間中の日誌。四冊の手帳に記されており、一八九九年八月十五日から一九〇一年六月二十六日までの記事をおさめる。途中に約七カ月分の空白がある。義和団事件に遭遇したおりの写真八枚を併載する。一九七三年にコレージュ・ド・フランスの図書館で再発見され、校訂をへたのち、手帳に登場する多くの人名を同定したうえで刊行された。

ペリオ『探検日誌』 Paul Pelliot, *Carnet de route, 1906–1908*, éd. Esclarmonde Monteil, Huei-chuang Tsao et Ingrid Ghesquière, Paris, Les Indes Savantes, 2008.

　ペリオの中央アジア探検期間中の日誌。五冊の手帳に記されており、一九〇六年七月十五日から一九〇八年十月一日までの記事をおさめる。また、三冊の大判ノートに記された手紙のひかえを翻刻し、清国外務部発給の通行証などの資料写真を併載する。手帳もノートもギメ東洋美術館に所蔵されており、探検から百周年を期して二〇〇八年に刊行された。

ペリオ『敦煌石窟』全六冊　Paul Pelliot, *Les grottes de Touen-houang. Peintures et sculptures bouddhi-*

ques des époques des Wei, des T'ang et des Song, 6vol., Mission Pelliot en Asie centrale, série in-quatro, I-VI, Paris, Paul Geuthner, 1920-24.

ペリオの中央アジア探検のうち、一九〇八年二月から五月まで調査が行なわれた敦煌莫高窟ならびに邠《ひん》州《しゅう》大仏寺の写真集。調査に同行した写真技師シャルル・ヌエットが撮影した。写真原板はギメ東洋美術館の写真資料部に保存されている。そのうちの三百七十六枚をおさめる。

ペリオ『敦煌石窟ノート』全六冊　Nicole Vandier-Nicolas et Monique Maillard (éd.), *Grottes de Touen-houang. Carnet de notes de Paul Pelliot*, 6vol., Mission Paul Pelliot, Documents conservés au Musée Guimet, XI / 1-6, Paris, Collège de France, Institut d'Asie, 1981-92.

ペリオは敦煌での調査のおりに、いくつかの石窟の状態を記述し、そこに記されていた銘文を転写した。走り書きの紙片百五十九枚が二冊につづられ、探検手帳とは別にギメ東洋美術館に所蔵されている。本書はそのすべてを影印し翻刻したものである。

ペリオ「白蓮教と白雲宗」　Paul Pelliot, "La secte du Lotus blanc et la secte du Nuage blanc", *Bulletin de l'École française d'Extrême-Orient*, III, Hanoï, 1903.

義和団事件の三年後、極東研究院の紀要に発表されたペリオの最初期の論文。清代にくりかえし弾圧された白蓮教の起源について、南宋の茅子元《ぼうしげん》がはじめた念仏教団にさかのぼって論じられる。『仏祖統紀《ぶっそとうき》』や『廬山蓮宗宝鑑《ろざんれんしゅうほうかん》』の記述をもとに、やや遅れて成立した白雲宗ともども仏教起源の宗教結社であることを明らかにし、のちにその思想のなかに道教経典の語彙が混入したと主張する。義和団について言及はないが、その淵源を白蓮教に求める見方があることからも、ペリオの関心のありかが注目される。

ペリオ「八世紀末の中国からインドにいたるふたつの道」 Paul Pelliot, "Deux itinéraires de Chine en Inde à la fin du VIIIe siècle", *Bulletin de l'École française d'Extrême-Orient*, IV, 1904, pp. 131–414.

中国とインドを結ぶ唐代の交通路について考察した論文。『新唐書』「地理志」におさめるところの唐の貞元年間（七八五〜八〇五）に賈耽《かたん》が「十道志」に記した東京《トンキン》から雲南をへてインドにいたる道と、求法僧の旅行記や仏典の記述によって知られる広東から南海をへてインドにいたる道を明らかにした。中国やインドだけでなく東南アジアや中央アジアの地名の由来についても、史料を博捜して考証が展開される。この論文をシャヴァンヌに絶賛されたことが、中央アジア探検隊への抜擢につながったのではないか。

エミール・セナール「ペリオの中央アジア探検」 Émile Senart, "Chronique", *Bulletin de l'École française d'Extrême-Orient*, X, 1910, pp. 272–281.

一九〇九年十二月十日にソルボンヌ大学講堂でアジア委員会とフランス地理学会の共催によるペリオの歓迎会が開かれた。このときのペリオの講演を委員会代表のセナールが紹介している。それによれば、一九〇七年の暮れにペリオが烏魯木斉《ウルムチ》に滞在したとき、義和団事件に連座して流謫されていた清朝の皇族から唐代の写本を贈られ、敦煌で文書収蔵庫が発見された噂が確実にちがいないことを知ったという。

ペリオ『チベット古代史』 Paul Pelliot, *Histoire ancienne du Tibet*, éd. Louis Hambis, Œuvres posthumes de Paul Pelliot, V, Paris, Adrien Maisonneuve, 1961.

ペリオ遺稿集の第五冊。『旧唐書』と『新唐書』の「吐蕃伝」訳稿。一九二〇年ごろ翻訳され、二一年にコレージュ・ド・フランスにおいて講じられた。漢字で音写された名詞からもとのチベット語を復原し、地名や人名の同定がこころみられている。訳文中に注記番号が付してあるが注記そのものは未発見である。チベット語の漢字音写に関する論文は一九一五年に発表された。Paul Pelliot, "Quelques transcriptions chinoises de noms tibétains", *T'oung pao*, XVI, Leiden, 1915, pp. 1-26.

マルセル・ラルー「ペリオ書誌」 Marcelle Lalou, "Rétrospective: L'œuvre du professeur Paul Pelliot", Jean Przyluski et al., *Bibliographie bouddhique*, IV-V, Paris, Adrien Maisonneuve, 1934, pp. 2-29.
　一九二八年までに発表されたペリオの主要な論文と書評百三点に解題を付した目録。

ハートマット・ウォーラヴェンス『ペリオの生涯と業績』 Hartmut Walravens, *Paul Pelliot (1878-1945), His Life and Works, a Bibliography*, Bloomington, Indiana University, 2001.
　ペリオの全業績八百六十四点、および関連書誌百二十五点を列挙した目録。オランダの中国学者ヤン・ドイフェンダークとアメリカの中央アジア学者デニス・サイナーによるペリオの追想を併載する。

◇ペリオの生涯と中央アジア探検については以下を参照した。Jean Filliozat, "Paul Pelliot, 1878-1945, honneur de la sinologie française", *France-Orient*, LIII, Paris, 1945, pp. 43-49; Jan Julius Duyvendak, "Paul Pelliot", *T'oung pao*, XXXVIII, Leiden, 1948, pp. 1-18; Jacques Giès, "La mission Pelliot (1906-1909)", *Les arts de l'Asie centrale. La collection Paul Pelliot du Musée national des arts asiatiques-Guimet*, I, Paris, Réunion des Musées Nationaux, 1995, pp. 5-13; 秋山光和「ペリオ調査団の中央アジア旅程とその考古学的成果（上・下）」（『仏教芸術』一九、二〇号、一九五三年）、森安孝夫「ペリオ」（高田時雄編著『東洋学の系譜［欧米編］』大修館書店、一九九六年）

◇極東研究院の歴史については以下を参照した。福井文雅『欧米の東洋学と比較論』（隆文館、一九九一年）、Pierre Singaravélou, *L'École française d'Extrême-Orient ou l'institution des marges (1898-1956)*, Paris, Éditions l'Harmattan, 1999; Catherine Clémentin-Ojha et Pierre-Yves Manguin, *Un siècle pour l'Asie: L'École française d'Extrême-Orient, 1898-2000*, Paris, Éditions du Pacifique / École française d'Extrême-Orient, 2001; *Chercheurs d'Asie: Répertoire biographique des membres scientifiques de l'École française d'Extrême-Orient*, Paris, École française d'Extrême-Orient, 2002.

マルセル・ラルー『敦煌チベット写本目録』全三巻　Marcelle Lalou, *Inventaire des manuscrits tibétains de Touen-houang conservés à la Bibliothèque Nationale (Fonds Pelliot tibétain)*, 3vol., Paris, Bibliothèque Nationale, 1939-61.

　ペリオがパリ国立図書館に将来したチベット写本二千二百十六点の目録。文献名を同定し、紙背も含めた各葉の冒頭と末尾を転写している。二十年かけて作成したタイプ原稿をそのまま印刷した労作である。

ジャック・ジェルネ、呉其昱編『敦煌漢文写本目録』第一巻　Jacques Gernet et Wu Chi-yu (éd.), *Catalogue des manuscrits chinois de Touen-houang (Fonds Pelliot chinois)*, I, Paris, Bibliothèque Nationale, 1970.

　フランス国立図書館写本部が所蔵するペリオ将来の敦煌漢文写本の目録。写本の状態についての詳細な記述、ならびに文献名の同定とその考証がこころみられた。二〇〇一番から二五〇〇番までをおさめる。

ミシェル・スワミエ編『敦煌漢文写本目録』第三〜五巻　Michel Soymié (éd.), *Catalogue des manuscrits chinois de Touen-houang, Fonds Pelliot chinois de la Bibliothèque Nationale*, III, Paris, Éditions de la Fondation Singer-Polignac, 1983; IV, Paris, École française d'Extrême-Orient, 1991; V / 1-2, 1995.

ペリオ将来の敦煌漢文写本の目録。フランスの東洋学者を動員して徹底的な書誌学調査がこころみられた。第三巻は三〇〇一番から三五〇〇番まで、第四巻は三五〇一番から四〇〇〇番まで、第五巻は四〇〇一番から六〇四〇番までをおさめる。二五〇一番から三〇〇〇番までをおさめる予定の第二巻は未刊。

エドゥアール・シャヴァンヌ『華北古美術調査』Édouard Chavannes, *Mission archéologique dans la Chine septentrionale*, Publications de l'École Française d'Extrême-Orient, XIII, Paris, Ernest Leroux, I / 1, 1913; I / 2, 1915; pl.I / 1-2, 1909.

シャヴァンヌが一九〇七年に華北で行なった調査報告とその写真集。第一巻は漢代画像石、第二巻は北魏仏教石窟をあつかう。ペリオは中央アジア探検にあたり華北の石窟寺院調査を計画していたが果たせなかった。シャヴァンヌは龍門石窟に残された大量の造像記をもとに北魏時代の仏教信仰を明らかにした。

アレクサンドラ・ダヴィッド=ネール『パリジェンヌのラサ旅行』Alexandra David-Néel, *Voyage d'une Parisienne à Llassa à pied et en mendiant de la Chine à l'Inde à travers le Tibet*, Paris, Plon, 1927.（中谷真理訳『パリジェンヌのラサ旅行』全二冊、平凡社東洋文庫、一九九九年）

ペリオがチベット古代史に関する文献を研究し、コレージュ・ド・フランスで講義を行なっていたころ、ダヴィッド=ネールはヒマラヤを越えてラサへの潜入をめざしていた。一九二四年に西洋人の女性としてはじめてラサに到達し、帰国後に旅行記をまとめヨーロッパで大きな反響を呼んだ。

ステファン・ピション『戦場にて』Stephen Pichon, *Dans la bataille*, Paris, Méricant, 1908.
　フランス公使による籠城の回想が、のちに日記風にまとめられた。原著未見のため、以下の校訂本によった。Francis Lacassin (éd.), *Pierre Loti, Les derniers jours de Pékin, précédé de La ville en flammes, par Stephen Pichon, et de La défense de la légation de France, par Eugène Darcy*, Paris, Éditions Julliard, 1991.

ウジェーヌ・ダルスィー『フランス公使館の防衛』Eugène Darcy, *La défense de la légation de France*, Paris, A. Challamel, 1903.
　フランス海軍大尉による陣中日記。公使館救援のためフランス陸戦隊をひきいて五月三十一日に北京に到着した。記事は六月十一日から八月十六日までをおさめる。ペリオの名がしばしば出てくるのは、ピション公使とそりがあわない彼が大尉に従うことが多かったためか。ペリオの敵陣乗りこみについても伝えている。上掲の校訂本に一部併載。

柴五郎『北京籠城』軍事教育会、一九〇二年
　日本公使館付武官として籠城の指揮をになった柴五郎中佐が、一九〇一年（明治三十四年）十二月から市ヶ谷にあった軍事教育会で数回に分けて行なった講演の記録である。はじめに戦況の概要を述べたあと、六月二十日から日ごとに記事をおさめる。原著未見のため、大山梓編『北京籠城・北京籠城日記』（平凡社東洋文庫、一九六五年）を用いた。

服部宇之吉『北京籠城日記』東洋戦争実記第十四編、博文館、一九〇〇年

東京帝国大学文科大学助教授として清国留学中、事件に遭遇したおりの日記。帰国後まもなく出版された。事件の背後にある中国人の宗教観とキリスト教との乖離を冒頭に述べたあと、六月四日から日ごとに記事をおさめる。一九二六年（大正十五年）に再刊された際に、二三年の執筆にかかる「北京籠城回顧録」が付録として加えられた。上掲の東洋文庫本にも併載されているが、校訂に難がある。

守田利遠『北京籠城日記』石風社、二〇〇三年

陸軍大尉として北京に駐留し、義和団事件に遭遇して日本公使館に籠城したおりの陣中日記。手描きの地図をそえて戦闘状況を詳細に伝えている。記事は一九〇〇年五月一日より九月二十五日に帰国するまで継続しているが、本書には公使館が解放された八月十四日までをおさめる。遺族が保存していたものを事件後百年をへて令息守田基定氏が刊行された。

ピエール・ロチ『北京最後の日々』Pierre Loti, *Les derniers jours de Pékin*, Paris, Calmann-Lévy, 1902.（船岡末利訳『北京最後の日』東海大学出版会、一九八九年）

アカデミー・フランセーズ会員であり海軍中佐であったロチは、フランス極東派遣艦隊の一員として十月三日に渤海湾に上陸し、十八日に北京に到着した。翰林学士《アカデミシアン》の肩書きで紫禁城に居室をあたえられ、翌々年四月に帰国するまで日記を書きつづけた。それをもとに本書と『アンコール巡礼』が生まれた。

裕徳齢『紫禁城の二年間』The Princess Der Ling, *Two Years in the Forbidden City*, New York, Moffat, 1911.（太田七郎・田中克己訳『西太后に侍して―紫禁城の二年』生活社、一九四二年／復刻版、研文社、一九九七年）

西太后晩年の頭等宮眷（女官長）として二年間側近に供奉した裕徳齢の回想記。題名には紫禁城とあるが、ほとんどは離宮頤和園での女帝の日常をつづっている。義和団事件に対する痛恨がときおりつぶやかれる。抄訳に、井出潤一郎訳『素顔の西太后』（東方書店、一九八七年）がある。本書を素材にした読み物に、渡辺みどり『西太后とフランス帰りの通訳』（朝日文庫、二〇〇八年）がある。

牧田英二、加藤千代編訳『義和団民話集―中国の口承文芸1』平凡社東洋文庫、一九七三年
　義和団に関する口碑伝承は数多く残されており、中華人民共和国の成立後に収集された。本文でふれた北堂襲撃の話は、民間文芸の研究者である張士《ちょうし》傑《けつ》が一九五八年に河北省武清県で聞き取ったものである。一九五九年七月刊行の『北京文芸』に掲載され、のちに張士傑捜集整理『張紹桓包打西什庫―義和団伝説故事』（上海文芸出版社、一九六〇年）におさめられた。

林語堂『北京好日』Lin Yutang, *Moment in Pekin: A Novel of Contemporary Chinese Life*, New York, The John Day Company, 1939.（佐藤亮一訳『北京好日』芙蓉書房、一九七二年）
　北京の裕福な一家の日常生活と、義和団事件、辛亥革命、日中戦争をへた栄枯盛衰を描く長編小説。アメリカに移住した林語堂が英文で発表した。物語は一家が義和団事件の難をさけて故郷の杭州に旅立つところからはじまる。ところどころにその時代の人々の見聞が散りばめられており、官憲による史料にはない、市民の目から見た義和団事件の諸相をうかがい知ることができる。

ジョージ・スタイガー『中国と西欧―義和団事件の起源と展開』George Steiger, *China and the Occident: The Origin and Development of the Boxer Movement*, New Haven, Yale University Press, 1927.

（藤岡喜久男訳『義和団―中国とヨーロッパ』光風社、一九九〇年）
米国外交文書や英国議会文書《ブルー・ブック》など列国の外交関係資料を駆使して、仇教案の蔓延化と義和団運動の拡大をめぐって列国と清国政府の関係がどのように推移したかをたどった研究。西太后の動向については、かならずしも強硬姿勢をつらぬいたとはせず、外交交渉の可能性を模索していた点を評価している。

スターリング・シーグレイヴ『ドラゴン・レディ』Sterling Seagrave, *Dragon Lady: The Life and Legend of the Last Empress of China*, New York, Alfred Knopf, 1992.（高橋正・山田耕介訳『ドラゴン・レディ―西太后の生涯と伝説』サイマル出版会、一九九四年）
英米の資料を用いて西太后の後半生をたどり、一部のジャーナリストらによって造形された女帝のイメージについて再検討をこころみた著作。ジョージ・モリソンの言動に対する評価は辛辣である。

ウッドハウス暎子『北京燃ゆ―義和団事変とモリソン』東洋経済新報社、一九八九年
モリソンの日記は彼の祖国オーストラリアのミッチェル図書館に保存されているが公刊されていない。本書は日記や書簡など一次資料を読み解き、東洋文庫の生みの親である彼の功績をたたえている。

佐藤公彦『義和団の起源とその運動―中国民衆ナショナリズムの誕生』研文出版、一九九九年
大量の文献資料を駆使し、華北農村における現地調査を踏まえて義和団運動の実態を明らかにした研究。清代の山東に持続して存在していた武術集団の宗教性に注目し、その起源から義和団運動への拡大、さらに変質から敗北へといたる全過程が清朝政府の動向や国際関係史をふまえてたどられる。そこから義和団運動における民族主義・国家主義の特質があぶりだされる。

小林一美『増補 義和団戦争と明治国家』汲古書院、二〇〇八年
一九八六年に出版された旧著以来の一貫する問題意識は、華北全域にわたった中国人の反帝国主義と愛国の運動がなぜ義和団事件のようなかたちで歴史のなかに現れたかということであろう。その本質的契機や内在的構造への追求が、増補された華北内陸部の調査とその分析において展開される。義和団をただ迷信や野蛮や反近代と捉えては、問題の本質を見誤ることになるという警告がこめられている。

◇義和団事件に関する清国側の資料のうち本文にあげたものは、故宮博物院明清檔案部編『義和団檔案史料』（中華書局、一九五九年）を用いた。義和団事件について概説した書物のなかで、陳舜臣『黄龍振わず―義和団前後』（中国の歴史 近現代篇第一巻、平凡社、一九八六年）は、中国史の大きな視野のなかで事件を捉えている。

◇火砲鎮圧の陰門陣については、相田洋『中国中世の民衆文化―呪術・規範・反乱』（中国書店、一九九四年）を参照。神兵と紅灯教については、山田賢『中国の秘密結社』（講談社選書メチエ、一九九八年）を参照。明治初年の血税騒動については、高島俊男『お言葉ですが…②「週刊文春」の怪』（文春文庫、二〇〇一年）に負っている。

◇義和団員に憑依する神々については、二階堂善弘『中国の神さま』（平凡社新書、二〇〇二年）、野口鐵郎、田中文雄編『道教の神々と祭り』（大修館書店、二〇〇四年）を参照した。

ジャン=マリー・プランシェ『義和団事件による北京殉教者資料集』 Jean-Marie Planchet, *Documents sur les martyrs de Pékin pendant la persécution des Boxeurs*, Pékin, Imprimerie des Lazaristes, 1920.
ヴィンセンシオ宣教会（パリのサン・ラザール修道院に本部が置かれていたためラザリストと通称され

る）は中国でのキリスト教禁教以後に、イエズス会に代わって中国で布教にたずさわった。義和団事件のときの犠牲者は数多く、事件後二十年を経て記録がまとめられた。本文でふれたファヴィエ神父の日記も本書に収録されている。なお、この日記の邦訳が、矢沢利彦『北京四天主堂物語―もう一つの北京案内記』（平河出版社、一九八七年）におさめられている。

アンリ・コルディエ『中国書誌』Henri Cordier, *Bibliotheca Sinica: Dictionnaire bibliographique des ouvrages relatifs à l'Empire Chinois*, nouvelle édition, 4 vol., Paris, E. Guilmoto, 1904-08; Supplément, Paris, Paul Geuthner, 1922-24.

欧文による中国関係文献の目録。初版は一八七八年から分冊で出版され、補遺の最終巻が九五年に完結したが、一九〇四年から二四年までに大幅な増補が行なわれた。中国国内で出版された欧文文献については詳細をきわめており、キリスト教の布教にあたって出版された書物をたどるうえで今なお不可欠の参考書である。増補部分には義和団事件の同時代資料や教会関係資料に関する書誌が含まれている。

シャルル・メイエ『中国におけるフランス人の足跡』Charles Meyer, *Histoire des Français en Chine (1698-1939)*, Paris, Éditions You Feng, 2009.

康熙帝時代のイエズス会布教から第二次大戦前までのフランスと中国の交流史を概観した著作。中国に滞在したフランス人の記録をもとに、外交、軍事、通商、文化などのさまざまな面から二世紀半にわたる両国の関係がたどられる。義和団事件についても、連合軍フランス隊をひきいたアンリ・フレー海軍大将やピション公使の報告を中心に、ペリオやファヴィエ神父の証言などが引かれている。

◇極東における儀礼問題のその後の経過については以下を参照。Régis Ladous, *Le Vatican et le Japon dans la guerre de la Grande Asie orientale: La mission Marella*, Paris, Desclée de Brouwer, 2010.

◇儀礼問題はキリスト教神学の視点から捉えるべき課題が少なくない。以下の拙稿をご参照いただけば幸いである。「ローマ教皇文書における実践神学の進展と典礼問題のゆくえ」（堀池信夫編『ユーラシアを渡る哲学・思想』明治書院、近刊）

◇本書の一部は以下に発表した。「伯希和義和団事件始末」（『白山中国学』一六号、二〇一〇年）

引用にあたり欧文文献は原典からの翻訳によったが、邦訳のあるものは参考にした。訳文中の〔　〕は筆者が補った言葉である。

図版は上記の書物の他に次のものを利用した。劉煒主編『中国文明伝真』第十巻、香港商務印書館、二〇〇一年、Robert Bickers et al., *The Boxers, China, and the World*, Lanham, Rowman & Littlefield, 2007.

登場人物

アッドジオ、ニコラス（Nicolas Carmel Addosio）　一八三五〜一九〇〇

イタリアに生まれ、パリのヴィンセンシオ宣教会士となる。南堂と通称された北京の無染原罪《むせんげんざい》聖母堂の主任司祭をつとめた。義和団の攻撃が猛烈をきわめた南堂を放棄し、フランス公使館に避難していた。北京が解放された八月十五日、まだ完全には沈静化していない市街に出かけていき殺害された。

アレクセーエフ、ヴァシリイ（Vasilii Mikhailovich Alekseev）　一八八一〜一九五一

二十世紀のロシアを代表する中国学者。ペテルブルグ大学東洋語学校を卒業後、教授要員としてパリに留学し、コレージュ・ド・フランスでシャヴァンヌの講筵につらなる。一九〇六年から北京に留学し、ペリオが計画していた龍門石窟の調査をシャヴァンヌとともに行なった。

アンツァー、ヨハン・フォン（Johann Baptist von Anzer）　一八五一〜一九〇三

一八七九年に神言修道会の最初の宣教師として清国に派遣され、山東省宣教区を担当した。八五年に司教に叙階される。山東省の張家荘で起きた仇教事件を外交問題とすべくドイツ帝国外務次官に進言した。これが膠州湾占拠につながり、列強による清国争奪のひきがねとなった。

アンビス、ルイ（Louis Hambis）　一九〇六～一九七八
　ペリオの高弟であり、後継者であった。ペリオ探検隊の数多くの報告書と遺稿集、『北京日誌』などの監修をになった。一九五九年から中国学高等研究所長をつとめ、六五年にコレージュ・ド・フランスの中央アジア歴史文明講座教授に就任した。

アンリー、ポール（Paul Henry）　一八七七～一九〇〇
　フランス海軍中尉。公使館区の籠城前にフランス艦隊陸戦隊の一員として北京におもむき、北堂の防衛を命じられた。避難してきた教民三千人を守るために奮戦したが、北堂の解放を待たずして戦死した。

毓賢（いく　けん）　?～一九〇一
　李秉衡の後任として山東巡撫をつとめた。仇教案の取り締まりに消極的であり、これがために義和団の増長をまねいたと列国は判断した。その圧力によって罷免されたにもかかわらず、まもなく山西巡撫に就任した。事件後に清朝政府は新疆流罪の処分としたが、列国の要求により蘭州で処刑された。

石井菊次郎（いしい　きくじろう）　一八六六～一九四五
　一八九〇年（明治二十三年）帝国大学法科大学法律学科を卒業。文科大学哲学科卒業の服部宇之吉と同期である。北京公使館で一等書記官をつとめ、服部らと籠城した。第二次大隈内閣で外相に就任。一九一七年（大正六年）に石井・ランシング協定を締結して満蒙における日本の特殊権益を認めさせた。

ヴァイヤン、ルイ（Louis Vaillant）　一八七六〜一九六三

フランスの軍医。ペリオとは高校《リセ》の同級生だった。一九〇六年から植民軍軍医少佐として中央アジア探検に加わり、測量や地図の作成、植物採集にもたずさわった。

ヴァルダーゼー、アルフレート・フォン（Alfred von Waldersee）　一八三二〜一九〇四

ドイツの軍人、伯爵。プロイセン・フランス戦争に従軍し、モルトケ将軍のもとで参謀総長となる。一九〇〇年にドイツ陸軍元帥に就任。義和団事件の共同出兵に際して八カ国連合軍の総司令官をつとめた。

栄禄（えい　ろく）　一八三六〜一九〇三

満洲正白旗人で西太后の忠臣。直隷総督をつとめたのち、戊戌政変で功あって軍機大臣となる。義和団事件では武衛諸軍を統帥して列国公使館を包囲した。裕禄の上奏に対応して、公使館防衛の上諭が栄禄にくだされたものと考えられている。事件後は督弁政務大臣に就任した。

エルギン伯ジェームズ・ブルース（James Bruce, Earl of Elgin）　一八一一〜一八六三

英国の外交官。カナダ総督をつとめたあと、アロー戦争に際して一八五七年に英国全権大使として清国におもむき、フランス軍と共同で武力行使して天津条約を締結させた。翌年来日して日英修好通商条約に調印。六〇年にふたたび英仏連合軍を組織して北京を占領した。六二年から初代インド総督をつとめる。

袁世凱（えん　せいがい）　一八五九〜一九一六
　李鴻章配下の漢人軍閥。一八九八年に毓賢が解任されたあとをうけて山東巡撫になり、新軍（洋式軍隊）を率いて義和団を弾圧した。李鴻章の後任として直隷総督北洋大臣をつとめた。辛亥革命が起こると朝廷から全権を受けて革命派と折衝し、一九一二年にみずから臨時大総統となったが失脚した。

狩野直喜（かの　なおき）　一八六八〜一九四七
　京都帝国大学文科大学の創設をひかえて文部省から清国留学を命じられ、北京に到着した二カ月後に義和団事件に遭遇した。事件後あらためて清国に留学したのち、京都帝国大学教授として内藤湖南、桑原隲藏とともに京都支那学の伝統を築く。一九一二年にヨーロッパに留学し、ペリオと交流をかさねた。

咸豊帝奕詝（かんぽうてい　えきちょ）　一八三一〜一八六一
　清朝第九代皇帝。道光帝の第四子。西太后の夫帝。即位後に太平天国の乱が勃発し、その鎮定を見ないうちにアロー号事件が起きた。英仏連合軍の北京攻撃にあって熱河に避難し、そこで病没した。

グランジャン、アンドレ（André Gruintgens）　一八七二〜一九〇〇
　北京フランス鉄道会社の通訳。ペリオとともにフランス公使館義勇兵に志願した。七月十三日に死亡。

慶親王奕劻（けいしんのう　えききょう）　一八三八〜一九一七
　第六代乾隆帝の第十七子永璘《えいりん》の孫。光緒帝の重臣として諸大臣を歴任し、義和団事件のとき総理衙門首

席大臣として列強との交渉につとめた。一九〇一年の辛丑和約によって総理衙門が外務部に改組され、初代外務部大臣に就任した。のちに親貴《しんき》内閣を組織したが、失政のため革命を勃発させるにいたった。

ケッテラー、クレメンス・フォン（Klemens August von Ketteler）　一八五三～一九〇〇
北京駐在ドイツ公使、男爵。清国総理衙門から列国公使館に対して勧告された退出期限が切れる六月二十日、単独で通訳を従えて総理衙門へ談判に向かおうとしたとき、清国兵に射殺された。辛丑和約の第一条には、醇親王載澧《じゅんしんしんのうさいほう》を首席とする専使を謝罪のためドイツに派遣させることが盛りこまれた。

剛毅（ごうき）　一八三七～一九〇〇
軍機大臣。端郡王とならぶ義和団事件の首謀者のひとりである。列国公使館攻撃をまっさきに進言した。西太后にしたがって西安におもむく途中で病死した。列国の要望で没後に官位を剝奪された。

光緒帝載湉（こうしょてい さいてん）　一八七一～一九〇八
清朝第十一代皇帝。父は道光帝の第七子醇親王奕譞《じゅんしんのうえきかん》、母は西太后の妹。四歳で即位し十七歳まで西太后が摂政をつとめた。親政後に康有為らを登用して変法運動を進めようとしたが、戊戌政変で保守派に弾圧されて幽閉された。

古城貞吉（こじょう ていきち）　一八六六～一九四九
熊本に生まれ同心学舎（のちの済々黌《せいせいこう》）に学ぶ。狩野直喜と同門。日報社記者として北京に赴任したと

き事件に遭遇した。本文でふれた翰林院の書物救出は、服部宇之吉「北京籠城回顧録」の記述と異なるが、中国哲学者の宇野精一氏が本人から聞いた話だという（東方学会編『東方学回想』第一冊参照）。

コルディエ、アンリ（Henri Cordier）一八四九〜一九二五

フランスの東洋学者。中国、インドシナ、日本関係の欧文文献に関する書誌学研究の大家である。上海の米国系商社に勤務しながら書誌学研究をはじめ、帰国後はパリの国立東洋語学校（現在の国立東洋言語文化学院）で多くの中国学者を育てた。ペリオの文献書誌学に関する学識は、彼の薫陶を受けたのちに極東研究院に勤務したことで開花したと思われる。

柴五郎（しば ごろう）一八五九〜一九四五

会津藩士の家に生まれ、苦学して陸軍幼年学校に学んだ。日本公使館付武官、陸軍砲兵中佐として公使館の防衛をになった。陸戦隊兵士はもとより義勇兵や教民からの信頼もすこぶる篤く、六月二十二日からは列国公使らの依頼により、公使館区のほぼ中央に位置する粛親王府防衛の指揮をゆだねられた。のち陸軍大将まで進んだ。

シーモア、エドワード（Edward Hobart Seymour）一八四〇〜一九二九

イギリスの軍人。海軍中将。列国公使館からの救援要請を受け、六月十日に混成救援軍の司令官として北京へ進撃したが、途中の鉄道線路が破壊されたうえ、たびたびの猛攻撃にさらされ、六月二十六日に天津へ撤退した。伯父のマイケル・シーモア提督は、アロー戦争当時のイギリス東洋艦隊司令官である。

シャヴァンヌ、エドゥアール（Edouard Chavannes）　一八六五～一九一八

フランスの東洋学者。パリ高等師範学校《エコール・ノルマル》を卒業後、一八八九年からフランス公使館員として北京に四年間滞在した。帰国後はコレージュ・ド・フランス中国言語文学講座の教授に就任。ペリオはここで中国学の講義を受けた。一九〇七年の華北調査では、ペリオが計画していた北魏石窟寺院の調査をこころみた。

粛親王善耆（しゅくしんのう　ぜんき）　一八六六～一九二二

清朝太宗皇太極《ホンタイジ》の長子 粛親王豪格《しゅくしんのうごうかく》の直系で八大世襲家筆頭。義和団事件のとき御前大臣に任ぜられた。のちに慶親王の親貴内閣で民政大臣、理藩大臣をつとめた。辛亥革命後は旅順にのがれた。

ジョリアス、エレーヌ・ド（Hélène de Jaurias）　一八二四～一九〇〇

フランスの修道女。二十歳でヴィンセンシオ愛徳姉妹会員となり、一八五五年に寧波に潜入した。太平天国の乱のとき救護活動にたずさわり、六三年から上海の軍人病院に勤務。のちに北京の愛徳姉妹会の管区長をつとめた。七十五歳の高齢で北堂に立てこもり、解放後の八月十九日に亡くなる。

スタイン、オーレル（Marc Aurel Stein）　一八六二～一九四三

ハンガリー出身の探検家。一八八七年にインドのラホールで教師をつとめ、一九〇〇年から中央アジア探検を行なってコータンの古代遺跡を発掘した。一九〇六年から第二次探検に出発し、翌年に敦煌写本を入手。ペリオの敦煌到着に九カ月先んじた。探検は第四次までおよび、アフガニスタンで客死した。

西太后慈禧（せいたいこう　じき）　一八三五〜一九〇八
満洲旗人葉赫納拉《エホナラ》氏。咸豊帝の側室で、同治帝の母。咸豊帝の死後、東太后慈安《じあん》とともに摂政の位につき、垂簾聴政を行なった。同治帝の死後は妹（醇親王の妃）の子を立てて光緒帝とし、摂政をつとめた。戊戌政変の後は光緒帝の親政を封じた。排外強硬派に動かされて列国に宣戦布告し、八カ国連合軍の侵入を招いた。光緒帝の病死の翌日に死去した。

ダルスィー、ウジェーヌ（Eugène Darcy）　一八六八〜一九二八
フランスの軍人。海軍大尉。五月二十八日の列国公使館会議の要請にもとづき、陸戦隊を率いて三十一日に北京に到着した。フランス公使館義勇軍の指揮を兼ね、アンリー中尉を北堂救援に派遣した。

端郡王載漪（たんぐんおう　さいい）　一八五六〜一九二二
清朝第八代皇帝道光帝の第五子惇親王奕誴《じゅんしんのうえきそう》の子。同治帝や光緒帝とは従兄弟にあたる。対外強硬派として朝廷をひきずり、列国公使館への宣戦布告にまで持ちこんだ。義和団事件の張本人のひとりとして列国は極刑を要求したが、皇族のゆえに新疆流罪ですまされた。

寺本婉雅（てらもと　えんが）　一八七二〜一九四〇
河口慧海《かわぐちえかい》とならび称せられたチベット仏教学者。一八九九年に日本人としてはじめてチベット領内に足を踏み入れた。義和団事件に際して北京に従軍し、チベット大蔵経を購入して日本にもたらした。一九〇五年にふたたびチベット潜入をこころみ、青海の北路をへてラサに到着した。

同治帝載淳（どうちてい さいじゅん）　一八五六〜一八七五

清朝第十代皇帝。父は咸豊帝、母は西太后。六歳で即位し、しばらく垂簾聴政が行なわれた。清朝が安定を取りもどした同治中興の時代であったが、親政後も実権は西太后に握られたままであった。

董福祥（とう ふくしょう）　一八三九〜一九〇八

甘軍（甘粛回族軍）の軍閥。端郡王が義和団事件の後ろ盾とした。甘粛提督として大軍をひきいて列国公使館を包囲。みずから排外運動を起こしたわけではなかったため、事件後は解任のうえ謹慎ですんだ。

ドゥメール、ポール（Paul Doumer）　一八五七〜一九三二

フランスの政治家。財務大臣をつとめたのち、一八九七年から一九〇二年までフランス領インドシナ連邦第六代総督に就任した。在任中にインドシナ考古学調査隊が組織され、極東研究院が発足している。その後ふたたび財務大臣、上院院長をつとめ、第三共和制第十三代大統領に就任した。

ヌエット、シャルル（Charles Georges Nouette）　一八六九〜一九一〇

フランスの写真技師。ペリオと高校《リセ》の同級生であり、一九〇六年から中央アジア探検に加わり写真撮影を担当した。ヌエットが撮影した厖大な写真原板はギメ東洋美術館の写真資料部に保存されている。

服部宇之吉（はっとり うのきち）　一八六七〜一九三九

東京帝国大学文科大学助教授として清国留学中に事件に遭遇した。ついでドイツのライプツィヒ大学に

留学し、帰国後は東京帝国大学教授、さらに北京大学の前身である京師大学堂師範館総教習に就任した。辛丑和約にもとづく団匪《だんぴ》賠償金を基金として設立された東方文化学院東京研究所の所長となった。

ハート、ロバート（Robert Hart）　一八三五〜一九一一

アイルランド出身の外交官。一八五四年に十九歳で寧波の英国領事館の通訳書記生となる。五九年に清国海関の勤務に転じ、六三年に総税務司に就任。義和団事件を清国人の国家意識の覚醒と評価した数少ない西洋人のひとりである。西太后の絶大な信頼を得た。一九〇八年に五十七年間暮らした清国を去った。

ピション、ステファン（Stephen Pichon）　一八五七〜一九三三

フランスの政治家。ジャーナリストとして出発し、のちに国会議員をへて外交官になった。公使としてハイチ、ブラジルに駐在後、一八九七年から北京駐在フランス公使をつとめ、義和団事件に遭遇した。のちにクレマンソー内閣の外務大臣をつとめ、第一次大戦後のヴェルサイユ条約調印をになった。

ファヴィエ、アルフォンス（Alphonse Favier）　一八三七〜一九〇五

フランスの聖職者。二十一歳でパリのヴィンセンシオ宣教会士となり、一八六一年に司祭に叙階された。翌年、北京に派遣され、北堂の西什庫移転に功績があった。一八九九年から北京司教ならびに直隷代牧区代理に就任した。義和団事件のとき北堂に避難してきた信者三千人をかくまって防衛につとめた。事件後も清国にとどまり、四十年あまりを過ごした北京で亡くなる。

フィノ、ルイ (Louis Finot)　一八六四〜一九三五

フランスのインドシナ学者。国立古文書学校卒業後、パリ大学高等研究院でサンスクリットを学ぶ。国立図書館勤務をへて、一八九八年からインドシナ考古学調査団代表となり、一九〇〇年の極東研究院発足後は初代院長をつとめた。研究員として赴任したペリオに、漢籍収集のため北京出張を命じた。二〇年にコレージュ・ド・フランスのインドシナ歴史文献学講座教授に就任。

ペリオ、ポール (Paul Pelliot)　一八七八〜一九四五

一八九七年にパリ政治学院を卒業したのち、国立東洋語学校で中国語課程を修了し、パリ大学高等研究院でサンスクリットを学ぶ。九九年にインドシナ考古学調査団の研究員に選抜された。一九〇六年に中央アジア探検隊を組織する。一一年、コレージュ・ド・フランスに新設された中央アジア言語歴史考古学講座の教授に就任した。

輔国公載瀾 (ほこくこう　さいらん)　?〜一九〇八以後

清朝第八代皇帝道光帝の第五子惇親王奕誴《じゅんしんのうえきそう》の子。端郡王載漪《たんぐんおうさいい》の弟。義和団事件に連座して新疆に流謫されていたとき、ペリオに出会って親しく往来した。敦煌からもたらされた唐代の写本を餞別に贈ったことが、ペリオの敦煌調査をうながすきっかけのひとつになった。

マクドナルド、クロード (Claude Maxwell Macdonald)　一八五二〜一九一五

イギリスの外交官。北アフリカでの軍務をへてザンジバル (現在のタンザニア) の英国総領事に就任。

ついで香港で砲兵隊教官をつとめ、一八九六年から在北京英国公使となった。義和団事件では列国公使館防衛の指揮をになった。事件直後の一九〇〇年十月に駐日公使に転任し、日英同盟の成立に尽力した。

モリソン、ジョージ（George Ernest Morrison）　一八六二〜一九二〇

オーストラリア出身の新聞記者。一八九〇年からロンドン・タイムズの通信員として北京で活動した。義和団事件で負傷した。日露戦争が勃発すると従軍し、のち中華民国政府の政治顧問に就任。中国関係の書物を収集し、一九一七年に三菱財閥の岩崎久弥に売却した。現在の財団法人東洋文庫の基礎となった。

守田利遠（もりた　としとお）　一八六三〜一九三六

一八九五年より陸軍中尉として清国に駐留し、威海衛占領軍に編入された。一九〇〇年より陸軍大尉として北京に駐留し、柴五郎中佐のもとで義勇兵の指揮をになった。帰国後は参謀本部ならびに陸軍大学に出仕し、一九〇二年より陸軍少佐として満洲軍総司令部に勤務した。のち陸軍少将まで進んだ。

裕徳齢（ゆう　とくれい）　?〜一九四四

一八九八年から駐仏清国公使をつとめた裕庚の長女。フランスで教育を受け、帰国後の一九〇三年から妹の容齢とともに西太后の宮眷（女官）となり通訳をになった。二年後に官を辞し、上海でアメリカ副領事と結婚。夫の祖国に帰化した。女帝に侍した日々を回想した『紫禁城の二年間』を著す。

裕禄（ゆう ろく） ?〜一九〇〇
満洲正白旗人で栄禄の従兄弟。戊戌政変後に栄禄の後任として直隷総督北洋大臣に就任した。宣戦布告前の御前会議に先立って朝廷に上奏し、列国との和議をすすめた。八カ国連合軍の進撃阻止につとめたが、天津陥落におよんで自刃した。

李鴻章（り こうしょう） 一八二三〜一九〇一
清朝の官僚。江蘇巡撫として太平天国討伐に功績をあげ、一八七〇年から直隷総督北洋大臣として権勢をふるった。洋務運動の首魁として北洋陸海軍を建設し、外交交渉を一手に引き受けた。辛丑和約では慶親王とともに清国全権をつとめた。

李秉衡（り へいこう） 一八三〇〜一九〇〇
張家荘でドイツ宣教師の殺害事件が起きたとき山東巡撫であった。その報復として膠州湾が占拠され、ドイツ公使は巡撫罷免を要求。のちに八カ国連合軍に敗れて自刃したが、没後に官位を剝奪された。

林語堂（りん ごどう） 一八九五〜一九七六
中国の作家。福建省のプロテスタント牧師の家に生まれ、上海の聖約翰《ヨハネ》大学卒業後、アメリカとドイツに留学した。帰国後は北京大学教授、厦門《アモイ》大学教授をへて武漢政府外交部に勤務したのち、アメリカに移住した。中国文化を論じた英文の『わが国土、わが国民』と小説『北京好日』で文名を馳せた。

レヴィ、シルヴァン（Sylvain Lévi）一八六三〜一九三五
フランスを代表するインド学者。一八八六年にパリ大学高等研究院講師、九四年にコレージュ・ド・フランス教授となった。ペリオは高等研究院でレヴィからインド学とサンスクリットを学んだ。中国学者シャヴァンヌと研究の連携を提唱した。こうしたフランス東洋学の理念がペリオのなかで結実している。

ロストホルン、アルトゥル・フォン（Arthur von Rosthorn）一八六二〜一九四五
オーストリア・ハンガリー帝国公使館の一等書記官。義和団事件のときに不在だったヴァールボルン公使に代わって公使代理をつとめた。事件後ドイツに留学した服部宇之吉とライプツィヒで再会している。

ロチ、ピエール（Pierre Loti 本名ジュリアン・ヴィオー Julien Viaud）一八五〇〜一九二三
フランスの作家。大西洋に面した軍港ロッシュフォールの船乗りの家に生まれ、海軍兵学校卒業後、海軍将校として世界各地を航行し、その経験を題材にした小説や旅行記を執筆。フランス極東派遣艦隊の一員として義和団事件直後の清国を訪れ、戦乱で荒廃した北京のようすを『北京最後の日々』にまとめた。

あとがき

フランス東洋学の巨匠、その青年時代のみずみずしい目がとらえた、今までの理解とは少しちがった義和団事件。――そんな期待をいだきながらペリオの『北京日誌』を読んでいた。そこへ大修館書店の小笠原周さんが遊びに来た。

リアルタイムな記録だけあって、後日談の籠城記にはない緊迫感があるけれど、文章は乱雑な走り書きなので翻訳書にはなりそうにない、などと語りあっているうち、小笠原さんは訳し終えた分を持っていった。それからしばらくして、本の構成とタイトルまでそろえて持ってきてくれた。これはあだおろそかにできない。そのうちに中央アジア探検の日誌が刊行された。これも読まなければと思って手こずった。ひとえに小笠原さんの友情でできた本である。

ペリオは東洋学のさまざまな領域で巨大な業績を残したが、学術論文ばかりだから、自分のことを語った文章はあまりない。公表を期していないふたつの日誌は、ペリオその人を知るうえでも得難い記録といえよう。とくに本書で取りあげた『北京日誌』には、若いペリオの成功と失敗と、覇気と焦燥とがにじみ出ている。その後の絢爛たる仕事の出発点をかいま見るような気がする。

それにしても義和団事件からも敦煌写本の発見からもすでに百年以上たっている。ようやく日誌が刊行されたり、まだ完結していない写本の目録があったりする。フランス人文学の悠々としたところがうらやましい。

最後になってしまったが、早稲田大学名誉教授の福井文雅先生からはペリオの学問について多くのご教示をいただいている。東洋大学の吉田公平先生は本書の一部を論文として発表する場をあたえてくださった。筑波大学の堀池信夫先生は研究会で報告する機会をあたえてくださった。大阪市立大学の池平紀子さんには文献の捜索にご協力いただいた。心からお礼申しあげたい。

菊地章太

二〇一〇年八月

［著者略歴］

菊地章太（きくち　のりたか）

1959年、横浜市生まれ。筑波大学卒業後、フランス・トゥールーズ神学大学高等研究院留学。現在、東洋大学教授。博士（文学）。比較宗教史専攻。著書に『神呪経研究』『フランス東洋学ことはじめ』（以上、研文出版）、『儒教・仏教・道教』『妖怪学講義』（以上、講談社）、『悪魔という救い』（朝日新聞社）、『奇跡の泉へ』（サンパウロ）、『老子神化』（春秋社）、『弥勒信仰のアジア』（大修館書店）、訳書にシャヴァンヌ『泰山』（勉誠出版）など。

〈あじあブックス〉

義和団事件風雲録《ぎわだんじけんふううんろく》――ペリオの見《み》た北京《ペキン》

NDC222／x, 203p／19cm

初版第1刷――2011年2月10日

著者――菊地章太《きくちのりたか》

発行者――鈴木一行

発行所――株式会社大修館書店

〒113-8541 東京都文京区湯島2-1-1

電話03-3868-2651（販売部）03-3868-2290（編集部）

振替00190-7-40504

［出版情報］http://www.taishukan.co.jp

装丁者――下川雅敏

印刷所――壮光舎印刷

製本所――ブロケード

ISBN978-4-469-23312-4　Printed in Japan

アジアの言語・文化・歴史を見つめ直す

[あじあブックス]

006 **封神演義の世界**——中国の戦う神々 二階堂善弘著 本体一六〇〇円

008 **マカオの歴史**——南蛮の光と影 東光博英著 本体一六〇〇円

010 **近代中国の思索者たち** 佐藤慎一編 本体一八〇〇円

019 **徳川吉宗と康煕帝**——鎖国下での日中交流 大庭脩著 本体一九〇〇円

021 **中国学の歩み**——二十世紀のシノロジー 山田利明著 本体一六〇〇円

028 **道教の経典を読む** 増尾伸一郎・丸山宏編 本体一八〇〇円

031 **毒薬は口に苦し**——中国の文人と不老不死 川原秀城著 本体一九〇〇円

038 **中国の呪術** 松本浩一著 本体一八〇〇円

045 **開国日本と横浜中華街** 西川武臣・伊藤泉美著 本体一七〇〇円

046 **漂泊のヒーロー**——中国武侠小説への道 岡崎由美著 本体一七〇〇円

047 **中国の英雄豪傑を読む**——『三国志演義』から武侠小説まで 鈴木陽一編 本体一七〇〇円

048 **不老不死の身体**——道教と「胎」の思想 加藤千恵著 本体一六〇〇円

051 **弥勒信仰のアジア** 菊地章太著 本体一八〇〇円

054 **中国のこっくりさん**——扶鸞信仰と華人社会 志賀市子著 本体一八〇〇円

058 **道教の神々と祭り** 野口鐵郎・田中文雄編 本体一九〇〇円

059 **纏足(てんそく)の発見**——ある英国女性と清末の中国 東田雅博著 本体一八〇〇円

063 **北京を見る読む集める** 森田憲司著 本体一八〇〇円

069 **中国映画のみかた** 応雄編著 本体一九〇〇円

定価=本体+税5%(2011年2月現在)